Landgestüt Redefin

Landgestüt Redefin – Th. Schloepke 1841

Landgestüt Redefin

Geschichte – Entwicklung – Hengste

Text: Iris Kröhnert
Fotos: P. A. Kröhnert

CADMOS
PFERDEBÜCHER

Für die freundliche Unterstützung unserer Arbeit möchten wir uns bei Landstallmeister Hartmut Platzek und allen Mitarbeitern des Landgestüts Redefin bedanken.

Köhlen, im Juni 2001
Iris und Peter Andreas Kroehnert

Cadmos Verlag GmbH, Lüneburg

Gestaltung & Satz: Ravenstein Brain Pool, Berlin
Fotos: P. A. Kröhnert
Druck: Westermann Druck, Zwickau

Printed in Germany

ISBN 3-86127-367-5

Vorwort

Die Einrichtung eines Landgestütes, und dabei war es eigentlich ganz gleichgültig, um welche Zeit es sich handelte und wo es sich befand, geschah immer aus einer bestimmten Notwendigkeit heraus, und sie war stets verbunden mit einer konkreten Aufgabenstellung. Natürlich stand diese Aufgabenstellung immer in einer sehr engen Beziehung zu der jeweiligen Situation in der Pferdeszucht des entsprechenden Landes. Die Gestaltung und die Ausstattung dieser staatlichen Einrichtung befand sich in deutlicher Abhängigkeit von der gegenwartsbezogenen Bedeutung des Pferdes einerseits und von der wirtschaftlichen Stärke beziehungsweise der politischen Situation des betreffenden Landes andererseits. Hieraus ergab sich also der besondere Charakter, der besondere Status des Landgestütes und hieraus resultierte auch immer wieder eine besondere Abhängigkeit.

Diese Gegebenheiten treffen in jedem Falle auch auf das Landgestüt Redefin zu. Auch in seiner Geschichte gab es gute Zeiten und weniger gute Zeiten. Einmal wurde seine Existenz in Frage gestellt, ein anderes Mal wurde wieder die Notwendigkeit seiner Arbeit nachdrücklich bemerkbar. Also auch hier ein wechselhaftes und bewegtes Auf und Ab bis hin in die heutige Zeit, immer in Abhängigkeit der jeweiligen Verhältnisse. Gegenwärtig zeichnet sich jedoch eine ganz neue Tendenz in der Entwicklung und in der Führung des Landgestütes ab. Wie auch in anderen Bereichen rücken die Belange der Wirtschaftlichkeit mehr und mehr in den Vordergrund. Als in der Kabinettssitzung des Landtages am 12. November 1991 fraktionsübergreifend und einheitlich der Übernahme des Landgestütes Redefin zugestimmt wurde, wurde gleichzeitig festgelegt, dass das Landgestüt als Wirtschaftsbetrieb und nicht als Haushaltsbetrieb eingerichtet werden soll. Also schon ein etwas anderer Weg, ein neuer Aspekt in der Führung dieser traditionsreichen Einrichtung. Im Juli 1993 konnte dann mit der Treuhandanstalt die Verfahrensweise der Übernahme festgeschrieben werden und am 24. August des gleichen Jahres legte das Kabinett den Übergabetermin auf den 1. Oktober 1993 fest.

Eindeutig war die Forderung, neben der Entwicklung der sich neu profilierenden privaten Pferdezucht des Landes die Wirtschaftlichkeit des Landgestüts zu verbessern. Kein leichtes Unterfangen, betrachte man nur einmal den hohen Nachholbedarf innerhalb des Investitionsgeschehens. Dennoch wird sich das Profil des Landgestütes in den kommenden Jahren verändern, ja verändern müssen. Neue Wege in der Zucht sind zu finden, die Leistungsentwicklung gilt es zu beschleunigen, die wirtschaftliche Stabilität ist zu verbessern. Begriffe wie marktorientierte Zucht, Marktforschung, Werbung, Management, Absatzförderung, Absatzstrategie und so fort werden immer geläufiger. Daneben steht die Forderung nach der Erschließung vollkommen neuer „erlöswirksamer“ Aktivitäten auf den unterschiedlichsten Gebieten, bis hin zur Kultur und zum Sport.

Nüchterne Kalkulationen umgeben unser Pferd und wir werden uns ihrer aktuellen Notwendigkeit immer mehr bewusst. Mit dem gleichen Bewusstsein sollten wir uns jedoch auch immer wieder an unsere ursprünglichen verpflichtenden Aufgaben erinnern. Auch weiterhin muss die Wahrung und die Pflege pferdezüchterischer Tradition, reiterlicher Charakterstärke, fahrerischen Könnens und der Achtung und Würdigung unseres Pferdes in der Arbeit unseres Landgestütes einen festen Platz haben. Das wollen wir nie vergessen!

Hartmut Platzek
Landstallmeister, Redefin im Juni 2001

Das Gebäudeensemble des Landgestüts vom Südwesten aus gesehen.

Einleitung

„Das Geld ist selten, das wissen wir alle. Aber selbst unter den schwierigen Verhältnissen Mecklenburgs müsste die Regierung die geringen Mittel, die für eine Weiterführung des Gestüts notwendig sind, aufbringen können. Der Schaden, den sie durch eine negative Haltung der Landwirtschaft zufügt, ist doch zu groß. Mecklenburg braucht ein Warmblutpferd.“ Diese Zeilen waren nicht etwa kurz nach der Wende in der „Schweriner Volkszeitung“ zu lesen, sondern sie wurden im Dezember 1928 im Fachmagazin für den Pferdesport „St. Georg“ veröffentlicht. Tatsache ist, der Fortbestand des Landgestüts Redefin war in den ersten Jahren der Nach-Wendezeit eine Zitterpartie. Die Zukunft einer der traditionsreichsten Stätten der Pferdezucht hing mehrere Jahre an einem seidenen Faden. Erst Ende August 1993 konnte der damalige Ministerpräsident des Landes Mecklenburg-Vorpommern anlässlich der Hengstparade verkünden, dass die Zukunft des Gestütes gesichert sei. Die vielfältigen Initiativen, die von Menschen dieser Region ergriffen wurden, um den Fortbestand des Landgestüts und der Pferdezucht zu sichern, trugen Früchte. Wer heute das weitläufige, unter Denkmalschutz stehende Gestütsareal betritt, dem fällt einerseits dieses typische Flair von „Gründerzeit-Stimmung“ auf, zum anderen strömen die Gebäude eine jahrhundertealte Tradition aus. Wohl kaum eines der deutschen Bundesländer ist historisch so sehr mit der Pferdezucht verbunden wie Mecklenburg Vorpommern. Es ist eine spannende Geschichte – bis in die jüngste Zeit.

Zahlreiche Reitwege laden zum Ausritt ein.

In Mecklenburg-Vorpommern gibt es viel Platz und viel Natur.

Land und Natur

Das Gebiet des heutigen Bundeslandes Mecklenburg-Vorpommern umfasst eine Fläche von 23.167 Quadratkilometern. Es ist bewohnt von rund 1,7 Millionen Menschen – Tendenz abnehmend. Das bedeutet: nicht einmal 80 Einwohner teilen sich einen Quadratkilometer. Es gibt viel Platz in diesem Land und viel Natur. 21 Prozent der Landfläche besteht aus großen Waldgebieten. Die bekannte Mecklenburgische Seenplatte nimmt 5,5 Prozent der Fläche ein. Im Norden wird Mecklenburg-Vorpommern von der Ostsee umschlossen. Im Westen grenzt das Land an Schleswig-Holstein, im Osten an Polen, im Süden an Brandenburg und Niedersachsen. Der westliche Teil des Landes heißt Mecklenburg, der östliche Vorpommern. Das Land gehört zur norddeutschen Tiefebene. Die Eiszeit hat mit ihren Moränenhügeln das Landschaftsbild geprägt. Bodenschätze sind so gut wie nicht vorhanden. Es gibt wenig Industrie. Stattdessen besitzt Mecklenburg-Vorpommern ausgedehnte Agrarflächen unterschiedlichster Güte. Die Palette reicht vom Ackerland bester Qualität im Nordwesten und Nordosten über weit ausgedehnte lehmige Sandböden bis zu armen Sand- und Moorböden, die vornehmlich im Südwesten vorkommen. Von über einer Million Hektar, die landwirtschaftlich genutzt werden, sind rund 20 Prozent Wiesen und Weiden.

Anfang des 19. Jahrhunderts waren Pferde aus Mecklenburg ein Exportschlager.
Die zeitgenössische Darstellung zeigt den Pferdehandel in der Rostocker Gegend.

Mecklenburg verdankt seinen Namen einer zwischen Schwerin und Wismar gelegenen slawischen Burg, der „Mechelenburg". Sie wurde erstmals urkundlich durch Kaiser Otto III im Jahre 995 erwähnt. Im Hochmittelalter war das Land von Wendenstämmen besiedelt. Mit Hilfe von deutschen Siedlern kolonisierten die Sachsenherzöge, vornehmlich die Billunger- und Welfenfürsten, das Gebiet. Die Christianisierung begann. Kaiser Karl IV erhob die Fürsten 1348 zu Herzögen. Eine Landesteilung im Jahre 1621 führte zur Bildung der beiden Herzogtümer Mecklenburg-Schwerin und Mecklenburg-Güstrow. Die Güstrower Linie erlosch 1695, so dass, bedingt durch Erbteilungen, neben Mecklenburg-Schwerin das Herzogtum Mecklenburg-Strelitz entstand. Beide wurden nach dem Wiener Kongress 1815 zu Großherzogtümern erhoben. Nach der November-Revolution 1918 wurden die Länder zu Freistaaten ernannt. Unter den Nationalsozialisten erfolgte 1934 eine Vereinigung der beiden Landesteile zum Land Mecklenburg. Nach Ende des zweiten Weltkrieges wurde Mecklenburg sowjetische Besatzungszone. Die spätere DDR nahm eine Zusammenlegung von Mecklenburg mit Vorpommern vor. Die Verwaltung wurde neu gegliedert. Das Land Mecklenburg wurde in den fünfziger Jahren in die drei Nordbezirke Schwerin, Rostock und Neubrandenburg aufgeteilt. Die Neugründung des Landes Mecklenburg-Vorpommern wurde nach der Wende 1990 vollzogen.

Zuchtgeschichte

Wie der „Mecklenburger" entstand

Das Pferd ist wie kaum ein anderes Tier mit der Geschichte des Menschen verbunden. Ohne Pferd wäre in den letzten Jahrhunderten keine größere Landwirtschaft möglich gewesen, Eroberungen hätten nicht stattgefunden. Pferde waren „Kriegsgerät" und Beute, Pferde dienten der Fortbewegung. Kurzum: Pferde waren Besitz und Reichtum, sie bedeuteten Macht. Das Land brauchte Pferde, also begannen die Menschen, sich mit einer mehr oder weniger planmäßigen Pferdezucht zu beschäftigen. Landesherren legten

Die Buchstaben „FF" mit Krone sind im Portal über der Eingangstür der Reithalle angebracht.
Ein ehemaliger Mitarbeiter: „Ich kann mich erinnern, dass mein Vater – Betriebszimmermann – vom damaligen Leiter des Gestüts 1951 den Auftrag erhielt, dieses Emblem zu entfernen. Er muss es mit nach Hause genommen haben, denn ich fand diese Teile kürzlich bei Aufräumungsarbeiten auf unserem Stallboden." Nach der Restaurierung prangt das Schild jetzt wieder in neuem Glanz an alter Stelle.

Gestüte an, so auch in Mecklenburg. Die Geschichte der Pferdezucht im Land an der Ostsee reicht urkundlich bis ins frühe 14. Jahrhundert zurück. Bereits 1320 finden sich namentliche Erwähnungen der Gestüte Dierhagen bei Ribnitz, Stuthof bei Rostock und Pustekow bei Güstrow. Das einheimische kleine Landpferd sollte stärker und kräftiger werden. Dieses Ziel sollte mit Hengsten aus Flandern und Friesland erreicht werden. Als besonderer Förderer der Mecklenburger Pferdezucht galt Herzog Johann Albrecht von Mecklenburg-Schwerin (1547 bis 1576). Er kaufte Pferde in ganz Europa, bevorzugte aber, ganz Mann seiner Zeit, den spanisch-neapolitanischen Schlag. Gleichzeitig entstanden in ganz Mecklenburg mehrere fürstliche Gestüte, deren Hengste teilweise auch zum Bedecken der bäuerlichen Stuten freigegeben wurden.

Der 30-jährige Krieg von 1618 bis 1648 hatte verheerende Folgen. Das Kriegsgeschehen schwappte von den Schlachtfeldern auf die Städte, Dörfer und Gemeinden über und führte zu einem allgemeinen Chaos in ganz Deutschland. Mecklenburg wurde durch den Krieg schwer verwüstet, die Bevölkerung schrumpfte um ein Viertel, das Land wurde von schweren Seuchen heimgesucht, die Pferdezucht erlitt riesige Verluste. Durch die Verelendung der Bauern verlor ein großer Teil von ihnen seine wirtschaftliche Selbstständigkeit. Die Folgen von Großgrundbesitz und Feudalismus sollten bis ins späte 19. Jahrhundert hinein reichen. Nach dem Ende des 30-jährigen Krieges nahmen sich vornehmlich die fürstlichen Gestüte und Großgrundbesitzer wieder der Pferdezucht an. Die zur Zucht benutzten Stuten und Hengste stammten aus allen Teilen Europas. Decklisten und Aufzeichnungen, die von einigen Gestüten erhalten geblieben sind, geben darüber Aufschluss. In einer Deckliste aus dem Jahre 1779 liest sich das so:

„Der Springer Le Vigoureux 12 Stuten, der weiße Dähn (Däne) 31 Stuten, der Capitain Mohren-Kopf 17 Stuten, der Fuchs-Hengst Thomß 19 Stuten, der Spanier 28 Stuten."

Da in weiten Teilen Mecklenburg-Vorpommerns günstige Aufzuchtbedingungen für Pferde vorlagen, gelang es gerade hier, aus einer uneinheitlichen Basis den Grundstock für ein korrektes und leistungsfähiges Reit- und Wagenpferd zu legen. Bereits im 18. Jahrhundert fanden kaum noch Zuchtpferdeimporte nach Mecklenburg statt. Im Gegenteil: Pferde aus Mecklenburg hatten sich zum begehrten Exportschlager entwickelt. In zeitgenössischen Berichten findet sich immer wieder der Begriff vom „alten Mecklenburger". Dabei soll es sich um ein Landpferd gehandelt haben, das mit orientalischem Blut veredelt wurde, beschreibt der langjährige Zuchtleiter Jürgen Hellerung in „Deutsche Pferdezucht" den Typus. Die Hengste der herzoglichen Hofgestüte deckten nicht nur die gestütseigenen Stuten, sondern auch die der Bauern aus der Umgebung.

Pferde für den Marstall

Aus historischen Quellen ist bekannt, dass sich bereits 1710 in Redefin ein „landesherrliches Gestüt" zur Züchtung von Marstallpferden befand. Da Pferde in der höfischen Repräsentation eine große Rolle spielten, wurden sie bei Hofe in einem gesonderten Gebäude untergebracht, das seit dem 15. Jahrhundert als Marstall bezeichnet wurde und ausschließlich der Unterbringung von Pferden, Wagen und Geschirren diente.

Eine Aufstellung aus dem Jahr 1715 der „Stuterei zu Redefin" wies einen Bestand von 37 Stuten und 30 Fohlen auf. Das Gestüt stand in Verbindung mit dem herzoglichen Marstall in Schwerin. Ein Aktenvermerk von 1730 gibt darüber Auskunft, dass zwölf tragende Stuten und sechs Hengstfohlen aus dem Marstall in Schwerin nach Redefin überführt wurden.

Die Hengste befanden sich wahrscheinlich nur während der Deckzeit in Redefin. In der übrigen Zeit wurden sie vermutlich als Gespannpferde des Herzogs benutzt. Aus einem Schreiben des Marstalls aus dem Jahr 1767 geht hervor, dass sich neben der „Stuterei" auch ein Landgestüt in Redefin befunden haben muss. Diese Aussage wird durch Decklisten aus der Zeit von 1768 bis 1793 unterstrichen. Über den Umfang des Gestüts geben Bestandslisten, die regelmäßig geführt wurden, Auskunft. Eine detaillierte Aufstellung aus dem Jahre 1785 beziffert den Bestand der „Stuterei zu Redefin" auf insgesamt 132 Pferde. 1795 wurde das Gestüt in Redefin aufgelöst.

Mit Verordnung vom 20. Dezember 1794 wurde in Ludwigslust ein Landgestüt eingerichtet. Im Frühjahr 1795 bezogen Hengste erstmals Stationen im Land. Einem Bericht von 1797 zufolge wurden die Landbeschäler so verteilt: „Drei nach Lübz, zwei nach Neubukow, zwei nach Rühn, zwei nach Redefin, zwei nach Boizenburg und

Im Schlosspark von Ludwigslust befindet sich ein Pferdegrab. Hier liegt das Jagdpferd des Mecklenburger Großherzogs Friedrich Franz begraben. Der Grabstein trägt die Inschrift: „Hier liegt das beste Pferd begraben, das alle Tugenden in sich vereint. Könnt man ein Pferd zum Freunde haben, so läge hier mein Freund."

einer nach Mecklenburg." Der Hengstbestand erhöhte sich im Jahre 1800 auf 20. Diese deckten 773 Stuten. Zwei Jahre später teilten sich 26 Hengste 1.013 Stuten. Außerhalb der Deckzeit wurden die Hengste als Reit- und Fahrpferde in den Marställen von Ludwigslust und Schwerin eingesetzt. Aus dem Jahr 1805 existiert ein Verzeichnis, das die Hengste mit Namen, Alter, Farbe und nach Art ihrer Herkunft ausweist. Von den 26 Beschälern, die auf den Stationen deckten, waren 21 Mecklenburger, zwei von der „Lüheschen Rasse", ein Holsteiner, ein Engländer und ein Türke (Araber). Die Fohlen dieser Hengste erhielten ein Brandzeichen. „Dies geschieht zum Ansehen des Gestüts und zum besonderen Vorteil der Eigentümer, indem jedes Füllen hierdurch einen höheren Wert erhält, da der Brand bezeuget, dass es von Rasse ist", sagt das Landgestüts-Reglement aus dem Jahre 1803. Die aufblühende Pferdezucht Mecklenburgs wurde 1806/1807 Opfer von Napoleons Truppen, die das Landgestüt ausplünderten und sich die Hengste aneigneten.

Das Hauptgestüt: Ein kurze Ära

Da der Marstall in Ludwigslust, bedingt durch die kriegerischen Auseinandersetzungen, verwüstet war, setzte sich der damalige Stallmeister von Bülow für eine erneute Angliederung Redefins

Die Freiheitskriege, die zur Befreiung von der Herrschaft Napoleons geführt wurden, schwappten auch auf Mecklenburg über. 1813 schloss sich Theodor Körner dem neu gegründeten Lützowschen Freikorps an. Ein Schaubild der Redefiner Hengstparade erinnert an diese Zeit.

ein. Im Jahre 1810 nahm es seine Tätigkeit in Form eines Hauptgestüts auf. Für die Zucht standen 61 Pferde zur Verfügung, darunter 9 Hengste, 23 Zuchtstuten und 29 Jungpferde. Zwischen 1820 und 1829 wurden 21 bis 32 Mutterstuten gehalten. In den nachfolgenden Jahren erhöhte sich ihre Anzahl auf 36 bis 40. Die Hälfte der Stutenherde setzte sich aus Vollblut- und Halbblutstuten zusammen. Das Gestüt war überwiegend auf Braune, Rappen und Schimmel aufgebaut. Die Anzahl der Füchse wurde relativ gering gehalten. Aus Aufzeichnungen geht hervor, dass eine systematische Leistungspferdezucht betrieben wurde. Qualitativ gute Hengste aus diesen Anpaarungen sollten über das Landgestüt die Landespferdezucht positiv beeinflussen. Bereits 1838 geriet das Hauptgestüt mit seiner Mutterstutenherde als Kostenfresser in Verruf. Eine Beibehaltung sei staatswirtschaftlich weder ratsam noch nützlich - diese Haltung nahm das Großherzogliche Ministerium ein. Als Oberstallmeister von Bülow 1840 starb, trug eine fehlende feste Gestütsleitung dazu bei, dass sich Kritiker des Hauptgestüts immer mehr durchsetzen konnten. Im Juni 1847 schrieb der Großherzog an das Ministerium: „Nach wiederholter Prüfung der Verhältnisse haben Wir nunmehr beschlossen, das Hauptgestüt als solches eingehen zu lassen." Damit war das Schicksal des Hauptgestüts besiegelt – eine politische Entscheidung. Die Gestütspferde wurden im September des gleichen Jahres verkauft. Die Schließung des Gestüts sollte sich als ein schwerer Schlag für die edle Pferdezucht Mecklenburgs erweisen. Zum einen wurde der einheitliche Zuchtbestand in alle Winde zerstreut, zum anderen hatten auch die großen Privatgestüte, wie zum Beispiel Ivenack und Basedow, mit Schwierigkeiten zu kämpfen.

Die Glocke des Landgestüts. Sie kündigte früher Beginn und Ende der täglichen Dienstzeiten an.

Hengsthaltung in Redefin

Gründung des Landgestüts

Neben dem Hauptgestüt wurde 1812 in Redefin ein Landgestüt eingerichtet. Für die neue Institution wurden Hengste aus dem herzoglichen Marstall angekauft. Zunächst gab es nur eine Deckstelle in Lübz, die mit zwei Hengsten besetzt war. Die Benutzung der beiden Hengste war so stark, dass sich Verantwortliche recht bald nach zwei weiteren Hengsten umsahen. Dennoch stieg die Zahl der Hengste und Stationen in den ersten Jahren nur langsam. Dies lag in erster Linie vermutlich darin begründet, dass die Kosten für den Unterhalt des Landgestüts in den Anfangsjahren nur unter Vorbehalt bewilligt wurden. Fünf Jahre nach der Gründung gab es sechs Stationen und 20

Landstallmeister Hartmut Platzek – neben ihm Landwirtschaftsminister Till Backhaus – gratuliert dem Züchter des Siegerfohlens. Schon im 19. Jahrhundert war es üblich, dass Fohlen durch die Gestütsdirektion besichtigt wurden.

Hengste, die 939 Stuten deckten. Bereits 1828 deckten auf 17 Stationen 71 Hengste 3.217 Stuten. Das Landgestüt hatte sich etabliert.

Am 26. Januar 1828 wurden erste Vorschriften und Zuchtbestimmungen erlassen:

- „Alle zu bedeckenden Stuten müssen vorher zur Besichtigung gestellt, und, im Falle der Zulässigkeit, in das Beschälregister nach Ort, Besitzer, Alter, Maß, Farbe, Abzeichen und so weiter möglichst auch nach ihrer Abstammung, mit einer unveränderlichen Nummer eingetragen werden.
- Mit der Nummer, der Bezeichnung der Stute und dem Namen des Besitzers wird diesem sogleich eine Karte unentgeltlich behändigt, ohne welche der Gestütsknecht die Stute nicht annehmen darf.
- Dagegen wird ein gedruckter Deckschein zurückgegeben, der
- bei der Revision des Füllens dem Gestüts-Rossarzt vorgewiesen werden muss. Dass das Füllen nebst der Stute zur Revision gestellt werde, ist ebenfalls Bedingung.
- Nur bis höchstens 60 Stuten dürfen jedem Hengste zugeteilt, und muss dabei auf gleichmäßige Verteilung der Stuten Rücksicht genommen werden."

Bereits seit 1823 wurden auf den einzelnen Stationen spezielle Brenntermine für Fohlen angesetzt. Die Besichtigung der Fohlen nahm ein Beamter der Gestütsdirektion vor. Es wurden sogenannte „Füllenlisten" geführt. Die Fohlen erhielten den Landgestütsbrand. Im Jahre 1827 wurde im „Mecklenburg-Schweriner Offiziellen Wochenblatt" erstmals ein Hengstverteilungsplan veröffentlicht.

Der Mecklenburger als Exportschlager

Seit 1828 wurden auf mehreren Stationen Vollbluthengste eingesetzt. Ihre Gesamtzahl lag zunächst unter zehn. Im Jahre 1849 stieg sie auf 22 an, danach reduzierte sie sich bis 1878 auf eine Größe zwischen 10 und 15. Ab 1879 sank die Zahl der eingesetzten Vollblüter von Jahr zu Jahr. Der letzte Vollbluthengst verließ 1911 das Landgestüt.

Das Hauptgestüt lieferte während der kurzen Zeit seines Bestehens, von 1810 bis 1847, nicht weniger als 140 Hengste für das Landgestüt. Genau in diese Zeit fiel die Blüte des edlen mecklenburgischen Pferdes. Die Großgrundbesitzer fanden Gefallen an der, wie sie sagten, „Wettläuferrasse", die in England durch den Rennsport entstanden war. 1822 wurde in Bad Doberan Deutschlands erste Rennbahn eröffnet. Doch auch das Militär verlangte nach leichten schnellen Pferden für die Kavallerie. Das Vollblut traf in Mecklenburg auf ein vielseitig verwendbares Landpferd, das mit orientalischem Blut veredelt war. Bekannte Privatgestüte nahmen sich der Zucht an. Darunter:

- Ivenack, das in seinen besten Zeiten 100 bis 150 Mutterstuten unterhielt. Sein bekanntestes Zuchtprodukt dürfte wohl der Hengst „Herodot" gewesen sein, der in ganz Europa Zuchtgeschichte schrieb. Das Landgestüt Redefin kaufte zahlreiche Ivenacker Hengste - noch beliebter waren sie allerdings im Landgestüt Celle.
- Ihlenfeld mit einer Zucht auf arabisch-englischer Grundlage. Auch dieses Gestüt lieferte eine größere Anzahl Hengste für die Landgestüte Redefin und Celle.
- Basedow betrieb vor allem eine Vollblutzucht und stellte bis 1910 die meisten Pferde der Doberaner Rennen.
- Auch die Gestüte Weitendorf und Zierow

Der legendäre „Norfolk", der sowohl in Mecklenburg als auch in Hannover Zuchtgeschichte schrieb.

Der Hengst „Herodot" dürfte das bekannteste Pferd aus der Ivenacker Zucht gewesen sein. Nach dem Raub durch die Franzosen wurde der Hengst für Jahre das Leibpferd Napoleons.

Der Hengst „Jellachich" – pommersches Blut beeinflusste mit Erfolg die Mecklenburger und Hannoversche Zucht

hatten sich vornehmlich der Vollblutzucht verschrieben. Der bekannteste Vererber dieser Zuchten dürfte der Hengst „Robin Hood" gewesen sein. Mehr als zehn seiner Söhne wirkten im Celler Landgestüt.

Gemeinsam mit dem Hauptgestüt in Redefin waren es diese Zuchtstätten, die Mecklenburgs guten Ruf als Geburtsort edler Pferde in der ersten Hälfte des 19. Jahrhunderts begründeten. Besonders intensiv wurden zwischen 1815 und 1840 Mecklenburger Hengste im Landgestüt Celle genutzt – rund 80 Prozent der aufgestellten Hengste entstammten dem Land an der Ostsee. Besonderen Einfluss auf die hannoversche Zucht nahm der Hengst „Norfolk".

Als Gründe dafür, dass die Erfolgsstory der Mecklenburger Pferdezucht nur relativ kurz währte, nannte Graf Wrangel: „Die allmählich erfolgende Aufhebung der alten Landgestütsorganisation mit ihren Stuten- und Füllenschauen, Registerführung, Deckzwang und so weiter, die im Jahre 1848 eingeleitete Parzellierung der Gemeindeweiden, die Zunahme des Korn- und Hackfruchtbaus, der überhandnehmende Verkauf der besten Stutfüllen, die Aufstellung schwerer englischer und französischer Kaltbluthengste und die Verwendung vieler zur Warmblutzucht nicht geeigneter Vollbluthengste, die Mitte vorigen Jahrhunderts in einer geradezu katastrophalen Weise ausartete." Erst gegen Ende des 19. Jahrhunderts setzte ein Wiederaufschwung in der Warmblutzucht Mecklenburgs ein.

Kreuzungszucht und Konsolidierung

So konträr kann es laufen: Während das Landgestüt Celle mit unzähligen Mecklenburger Hengsten den Grundstein für eine florierende Zucht legte, wurden in ihrer Heimat edle Stuten mit schweren Hengsten durchkreuzt. 1867 standen 39 Kaltbluthengste in Redefiner Diensten. Ihre Zahl nahm zwar in den folgenden Jahren kontinuierlich ab, bis 1886 der letzte Kaltbluthengst das Landgestüt verließ. Jedoch hinterließ die Kreuzungszucht einen immensen Schaden in Mecklenburgs edler Pferdezucht. Dennoch wurden seitens der Züchter immer wieder Forderungen nach erneuter Aufstellung von Kaltbluthengsten laut, schließlich waren die Bauern bei einer Intensivierung der Landwirtschaft auf starke tierische „Arbeitskräfte" angewiesen. Oberlandstallmeister Freiherr von Stenglin, der zwischen 1892 und 1920 die Geschicke Redefins lenkte, wies diese Forderungen mit den Worten zurück: „Nur eine reinblütige Zucht hat Aussicht auf gute Erfolge und Rentabilität. Die Schaffung von rein und edel gezüchteten Stutenstämmen ist daher oberstes züchterisches Gesetz. Einen Hort muss die edle Pferdezucht haben und diesen Hort bildet das Landgestüt. Gibt dieses nach, so fällt alles zusammen."

Um die Schäden, die die Kreuzungszucht hinterließ, einzudämmen, wurden ab 1873 vornehmlich hannoversche Hengste als Beschäler angekauft. Auch wurden vorübergehend Hengste aus Oldenburg und Ostfriesland sowie aus Holstein eingesetzt. Zwischen 1895 und 1937 deckten insgesamt 645 Landbeschäler. 70 Prozent von ihnen waren Hannoveraner, 20 Prozent Mecklenburger, die restlichen zehn Prozent bildeten Hengste aus Braunschweig, Pommern und Brandenburg sowie Vertreter des Vollbluts. Oldenburger und Ostfriesen waren in Redefin bis 1910 im Deckeinsatz, der letzte Holsteiner wurde 1919 ausgemustert. Das Zuchtziel des Landes verlang-

Ein Zuchtfehler, der im 19. Jahrhundert nicht nur in Redefin gemacht wurde, war die Kreuzungszucht. Hierbei wurden Kaltbluthengste an edle Stuten angepaart.

Landstallmeister Freiherr von Stenglin (erste Reihe im dunklen Mantel) empfing 1912 in Redefin hohen Besuch zum 100-jährigen Jubiläum.

te nach einem starken Warmblutpferd. Daher wurden bevorzugt Hengstlinien benutzt, die sich bereits in Hannover bewährt hatten. Über die Wechselwirkung zwischen den Zuchten in Mekklenburg und Hannover schrieb 1937 der damalige Zuchtleiter Dr. Viergutz: „Mecklenburg bediente sich des Zuchtgebietes, zu dem es einst selbst die Bausteine geliefert hatte, und sicherte sich in den Nachfahren früherer mecklenburgischer Hengste bestes, bodenständiges Erbgut. Andererseits stellte es seine für die Aufzucht von Edelpferden so hervorragende Scholle und die Passion und Sachkenntnis seiner Züchter und Aufzüchter dem Nachbarlande zur Verfügung und lieferte ihm in Hannover geborene, als Füllen nach Mecklenburg eingeführte, hier aufgewachsene, bedeutende Hengste wieder. Bis zur Jahrhundertwende wanderten etwa 350, seitdem weitere über 500 Hengste in das Landgestüt Celle. Unter ihnen befinden sich Begründer der großen hannoverschen Hengstzweige. Daneben sind besonders in den Jahren 1895 bis 1911 zahlreiche Stutfüllen aus Hannover nach Mecklenburg eingeführt und haben hier die Grundlage der Warmblutzucht in großem Umfange verbreitern helfen.“ Bis 1945 bestand eine weitgehende Übereinstimmung zwischen den Zuchten in Mecklenburg und Hannover hinsichtlich Typ, Modell, Abstammung und Leistung der Pferde. Oft wurden hannoversche Hengstfohlen von mecklenburgischen Aufzüchtern gekauft oder in Pension genommen. Dem ehemaligen Celler Landstallmeister von Spörcken wird dieses Zitat zugeschrieben: „Ich kenne kein Land, das wie Mecklenburg für die Pferdezucht geeignet ist. Eben deshalb kaufe ich auch mit Vorliebe meine Hengste dort, selbst wenn sie in Hannover geboren und nur in Mecklenburg aufgezogen sind.“

Jahrhundertwende bis Zweiter Weltkrieg

1895 wurde eine Kommission für die Landespferdezucht mit Sitz in Redefin gebildet. Diese hatte die Aufgabe, die kaltblutfrei gezogenen Überbleibsel der edlen Mecklenburger Zucht zu registrieren. Im gleichen Jahr wurde das Zuchtziel festgeschrieben. Es sollte künftig ein homogenes, vom Typ her edles, starkes Reit- und Wagenpferd mit raumgreifenden Gängen gezüchtet werden. Außerdem wurde der Körzwang für Hengste eingeführt. Ab 1899 wurden jährliche Stuten- und Fohlenprämierungen veranstaltet. 1913 fand schließlich die Gründung des Mecklenburgischen Warmblutzüchterverbandes statt. Zum hundertjährigen Bestehen des Landgestütes wurden den Züchtern anlässlich einer Jubiläumsparade ausschließlich Warmbluthengste auf mecklenburgisch-hannoverscher Grundlage präsentiert.

In den Jahren vor dem ersten Weltkrieg herrschte ein großer Bedarf an Militärpferden. Dies führte in nahezu allen Pferdezuchten zu einem Aufschwung. Für die Kavallerieregimenter wurden zahlreiche junge Reitpferde angekauft. Aufgrund der großen Nachfrage stiegen die Bedeckungszahlen in ganz Deutschland an. Professor Dr. Ottfried Weiher, Leiter des Instituts für Tierzucht der Landesforschungsanstalt in Mecklenburg-Vorpommern, bezifferte den Bedarf an Pferden während des ersten Weltkriegs wie folgt: „Bedenkt man, dass Deutschland vor dem ersten Weltkrieg im stehenden Heer 160.000 Pferde hielt, so stieg diese Zahl unmittelbar nach Kriegsbeginn auf 735.000 Pferde an. Alle diese zusätzlich benötigten Pferde wurden aus der Landwirtschaft und der übrigen Wirtschaft abgezogen. Hinzu kommt, dass monatlich Nachschub organisiert werden musste, denn man rechnet heute unter Berücksichtigung aller Fronten mit einem Gesamtverlust von 790.000 Pferden. Hierin sind noch nicht jene Pferde eingerechnet, die in Feldlazaretten behandelt wurden. Allein für Deutschland wurden während der vier Kriegsjahre etwa 2.655.000 Pferde in solchen Lazaretten behandelt." Um den Bedarf an Pferden zu decken, stiegen in ganz Deutschland die Bedeckungszahlen an. Sie erreichten ihren Höhepunkt 1919/1920. Analog dazu verhielt sich die Entwicklung im mecklenburgischen Zuchtgebiet. Das Landgestüt Redefin unterhielt zu diesem Zeitpunkt 176 Hengste, die über 10.000 Stuten deckten.

Inflation und Depression der zwanziger Jahre mündeten in die Weltwirtschaftskrise, die auch auf dem Land nicht spurlos vorüberging. Es kam zu Zwangsverkäufen von Höfen und Gütern. Genau in diese Zeit fiel die zunehmende Motorisierung von Industrie und Landwirtschaft. Die Bedeckungszahlen gingen zum Teil dramatisch zurück. So kann es nicht verwundern, dass 1930 lediglich 2.333 Stuten in Mecklenburg gedeckt wurden – ein Minus von rund 75 Prozent. Dies führte zu Auswirkungen auf das Landgestüt. Mit Verfügung vom 12. Dezember 1928 forderte das Landwirtschaftsministerium, dass die Zahl der Hengste in Redefin auf 70 und die der Stationen auf 25 zu beschränken sei. Auch Personal wurde abgebaut. Es wurde sogar davon gesprochen, das Landgestüt komplett aufzulösen. Mit der Machtergreifung der Nationalsozialisten 1933 wandelte sich die Situation sozusagen über Nacht. Die wie-

Die Kommission für die Landespferdezucht
beurkundet hiermit, dass dem
für die in das Gestütbuch für edle Pferde im Grofsherzogthum
Mecklenburg-Schwerin unter № 686 eingetragene Stute
geb. 1896 abstammend v.
bei der Praemirung von Zuchtstuten im Jahre 1901
eine Praemie von 50 M. ertheilt worden ist.
Redefin, den 7. Mai 1901.
Kommission für die Landespferdezucht.

Die Kommission für die Landespferdezucht war für die Stutenprämierungen zuständig – eine Urkunde aus dem Jahr 1901.

Fohlenschauen haben in Mecklenburg eine lange Tradition. Bereits 1899 fanden die ersten Fohlenprämierungen statt.

Der Hengst „Wenckstern" trägt einen bedeutenden Namen. Werner von Wenckstern leitete das Landgestüt in einer wirtschaftlich schwierigen Zeit – von 1920 bis 1933.

In den dreißiger Jahren richtete sich die Höhe des Deckgeldes nach der Qualität der Stute. Auch in der heutigen Zeit sollten Züchter nur mit besten Stuten züchten.

der erstarkte Wehrmacht im NS-Staat hatte einen großen Bedarf an Warmblutpferden. Und so waren plötzlich Gelder für die Aufstockung des Personals, für die Pflege und Instandhaltung der baulichen Anlagen, für neues Inventar und für den Ankauf zusätzlicher Hengste da. Allein 1933 wurden für Redefin 24 neue Hengste angeschafft. Weitere Ankäufe wurden in den folgenden Jahren getätigt, so dass 1937 120 Hengste in Redefiner Diensten standen. Das Deckstellennetz wurde auf 41 Stationen vergrößert. Die Hengstankäufe geschahen in früheren Zeiten freihändig, also direkt aus den Ställen der Aufzüchter. Seit 1922 wurden zentrale Körtage in Güstrow abgehalten, denen ein Hengstmarkt angegliedert war. Die Preußische Gestütsverwaltung und das Landgestüt Redefin traten als gleichberechtigte Käufer auf. Wechselseitig sicherten sie sich das Anrecht auf den Siegerhengst.

Durch die Vereinigung der beiden Freistaaten Mecklenburg-Schwerin und Mecklenburg-Strelitz im Jahre 1934 wurde das 1825 gegründete Landgestüt Neustrelitz aufgelöst. Aus dem Bestand gingen sieben Warmbluthengste nach Redefin. Außerdem wurde das Personal und das Inventar übernommen.

Zur Verbesserung der Warmblutzucht wurde 1934 eine Verordnung erlassen, nach der sich das Deckgeld nach der Qualität der Stute richtete (vorher war die Qualität des Hengstes ausschlaggebend). Auf diese Weise sollten die Züchter ermutigt werden, nur mit besten Stuten zu züchten. Außerdem war die Verordnung ein klares Bekenntnis zur Reinzucht. „Die Hengste des Landgestüts dürfen keine Kaltblutstuten und keine Kreuzungsstuten im Typ des Kaltblutes decken. Die Landgestütsdirektion kann anordnen, dass besonders wertvolle Hengste nur Stuten bedecken dürfen, die in das Gestütsbuch für edle Pferde, Abteilung A und B, eingetragen sind."

Ab 1935 wurden, nach Celler Vorbild, für die Züchter regelmäßig Hengstparaden veranstaltet. Zur ersten Vorstellung kamen 900 Zuschauer, drei Jahre später waren es bereits 8.000. Schließlich wurden 1936 Hengstleistungsprüfungen eingeführt. Zuvor fanden in den Jahren 1903 bis 1913 für vierjährige Hengste sogenannte Hengstrennprüfungen statt. Die neue Prüfungsordnung sah jedoch einen Test der dreijährigen Hengste unter dem Reiter sowie vor dem Wagen vor. Während der Kriegszeit lief die Produktion von Pferden, vorrangig für die Wehrmacht, auf Hochtouren. 1943 wurden im mecklenburgischen Zuchtgebiet 9.387 Stuten gedeckt. Der Hengstmarkt in Güstrow avancierte 1944 mit rund 500 vorgestellten Hengsten zur größten Veranstaltung dieser Art in ganz Deutschland.

Noch 1947 waren die Pferde in einem schlechten Ernährungszustand. Das Foto zeigt ein Gespann bei der Beschaffung von Bauholz.

Kriegsende in Redefin

Hans Joachim Köhler, Sohn des damaligen Landstallmeisters, erinnerte sich an das Kriegsende: „Wie auch in allen anderen Gestüten waren die jüngeren Redefiner Gestütwärter an der Front. Ihre Lücken füllten behelfsmäßige Pensionäre, Halbwüchsige und Soldaten, die nicht mehr frontverwendungsfähig waren." Einer von ihnen, der 1945 im Landgestüt aushalf, war der spätere Pferdezuchtleiter Jürgen Hellerung. Seine Schilderung der letzten Kriegsmonate sah so aus: „Die Deckperiode 1945 näherte sich, und die Hengste sollten, wie jedes Jahr, bis Ende Februar auf ihren Stationen stehen. Bei der Kriegslage ein zweifelhaftes Unterfangen, zumal die Reichsbahn nur eine beschränkte Anzahl Waggons zusagen konnte. Also war für viele Hengste Fußmarsch angesagt. Auf 178 Warmbluthengste belief sich der Bestand. Gestütsinspektor Marlow hatte einen exakten Marschplan ausgearbeitet, nach dem zunächst die weitesten Stationen besetzt werden sollten. Es waren noch drei Monate bis Kriegsende und die Straßen waren schon durch Trecks und andere Formationen verstopft".

Hans Joachim Köhler: „Später rollten viele Flüchtlingstrecks auf den Gestütshof. Teile der Landgestüte Braunsberg und Georgenburg erschienen im Fußmarsch. Zwei der vierspännigen Leiterwagen des Privatgestüts Weedern aus Ostpreußen wurden von Zitzewitschen Kindern vom Sattel aus gefahren. Alle Stallungen und Scheunen waren randvoll mit Flüchtlingen und Pferden. Landstallmeister von Warburg und Dr. Schilke kamen mit ihren Familien im Haus des (Redefiner) Landstallmeisters unter."

Jürgen Hellerung: „Mit dem Einmarsch der westlichen Alliierten trat das Kriegsende ein. Bald überfiel uns die Nachricht von der Grenzbegradigung – Elbe – wie eine Lähmung. Politische Entscheidungen unter den Alliierten ließen kein Nutztier über die zukünftige Westgrenze, so dass sowohl Redefiner als auch Gasthengste aus den geflüchteten ostpreußischen Landgestüten den Russen in die Hände fielen." Hans Joachim Köhler fuhr unmittelbar nach Kriegsende mit dem Fahrrad durch ganz Mecklenburg. „Zuletzt traf ich in Perlin auf Landstallmeister Dr. Ehlert und Gestütsteile Trakehnens, für die die Engländer die Grenze nach Schleswig-Holstein später nur noch für zwei Beschäler und 27 Mutterstuten öffnen sollten. Alles übrige wurde im August zusammen mit den Redefiner, Braunsberger und Georgenburger Hengsten auf dem Bahnhof Pritzier in den Osten verladen." Die Pferdezucht erlitt in Mecklenburg schlimme Verluste. Rund 70 Prozent des Zuchtmaterials sowie ein Großteil der Arbeitspferde waren verloren.

Der Neuanfang nach 1945

Wie schlimm die Auswirkungen des Krieges auf die Pferdezucht in Mecklenburg-Vorpommern waren, beschrieb Professor Dr. Ottfried Weiher: „Am 1. Juli zog die russische Armee ein. Etwa zur gleichen Zeit kamen die Hengste, die noch nicht verschleppt waren, von den Deckstationen nach Redefin zurück. Da auch die vorpommerschen Hengste, die ehemals im pommerschen Landgestüt in Labes standen, sowie die 50 Trakehner Hengste aus Georgenburg, Braunsberg und Rastenburg hinzukamen, trafen insgesamt 185 Hengste in Redefin ein. 172 von diesen Hengsten wurden beschlagnahmt und nach Russland abtransportiert, in Redefin verblieben lediglich 13 Hengste. Auch bei den Stuten hatte es während der Kriegsjahre ungeheure Bestandseinbußen gegeben. Später beschlagnahmten die russischen Truppen alle Pferde, die altersmäßig halbwegs für den Tross genutzt werden konnten oder für die

„Assing III" wurde von russischen Soldaten aus der Deckstation in Bitter abgeholt.

Versorgung der Truppen geeignet waren. Aufgrund dieser Gesamtentwicklung gab es Ende 1945 in vielen Dörfern kaum noch Zugpferde und in der Regel keine Zuchtpferde. Lediglich Fohlen und Jungpferde waren geblieben." Aus dieser Situation heraus musste ein Neuanfang gemacht werden, denn Pferde wurden in diesen Jahren dringend als Hauptzugkraft in der Landwirtschaft benötigt. Eine kleine Gruppe von Pferdeleuten ging deshalb, unter Tolerierung der russischen Militäradministration, gleich nach Kriegsende daran, die zuchttauglichen Pferde zu erfassen. In unermüdlicher Kleinarbeit wurde nach versprengten Hengsten gefahndet. Wie das in der Praxis aussah und welchen Einsatz private Züchter zeigten, gab der damalige Deckstellenleiter der Deckstation Bitter, Helmut Lüthke, zu Protokoll: „Am 20. Juli 1945 erschienen auf dem Gehöft des Bauern Heinrich Schult in Bitter zwei Soldaten der russischen Besatzungsmacht und holten ohne jeglichen Grund die Hengste ‚Assing III' und ‚Fortan' aus dem Stall der Deckstation Bitter heraus und verschwanden damit spurlos. Eine Meldung hierüber ist nicht gemacht worden, da der Gestütswärter von Celle die Station am 1. Juli 1945 bereits verlassen hatte. (Anmerkung: Das ostwärts der Elbe gelegene Amt Neuhaus gehörte bis 1945 zum Deckstellennetz des Landgestüts Celle und war somit mit Hannoveraner Hengsten besetzt). Anfang August 1945 wurde durch Heinrich Schult bei der Schmiede in Bitter festgestellt, dass sich der Hengst ‚Assing III' bereits in Privathänden befand. Der damalige Besitzer, ein Flüchtling, musste mit Zwang den total heruntergekommenen Hengst gegen ein gutes Zugpferd umtauschen. Der Flüchtling wollte ‚Assing III' beschlagen lassen und dann anspannen. Heinrich Schult brachte nach langen Verhandlungen mit dem Flüchtling den Hengst zur Deckstation zurück. Der Flüchtling verlangte ein Ersatzpferd, da er mit einem Treck weiterziehen wollte. Es musste eins gefunden werden, um den Deckhengst im Interesse der Züchter in unserem Bezirk zu behalten. In Bitter war keins vorhanden. In Kaarßen erklärte sich Herr Lengemann bereit, ein Ersatzpferd freiwillig zu stellen und dafür den Hengst zu übernehmen. Am 21. August 1945 übergab Herr Lengemann eine zehnjährige Schimmelstute (Schätzwert 455 Reichsmark) an den Flüchtling und erhielt dafür den Hengst ‚Assing III'. Um ihn für die Pferdezüchter des Deckbezirks Bitter zu retten, wurde er von Herrn Lengemann gepflegt und nicht verkauft, obwohl sehr günstige Kaufangebote vorgelegen haben. Am 16. März 1946 wurde nach Aufforderung des Bezirksinspektors der Hengst auf der Deckstation in Bitter von Heinrich Schult in deckfähigem Zustand übernommen. Eine Entschädigung für die Erhaltung des Deckhengstes hat Herr Lengemann bisher nicht erhalten."

Die Musterung der Stuten, die Hans Joachim Köhler zufolge polizeilich als Zwangsvorführung geregelt war, wurde relativ großzügig gehandhabt. Viele Stuten hätten zehn Jahre zuvor keine Chance gehabt, in das Stutbuch für Mecklenburger Warmblut eingetragen zu werden. Durch Übernahme des Amtes Neuhaus erhielten 600 Hannoveraner Stuten Zugang zur Mecklenburger Zucht. Außerdem wurden 700 Stuten aus Ostpreußen in die Stutbücher aufgenommen. Auch waren hannoversche Hengstfohlen des Geburtsjahrgangs 1943/44 in Mecklenburg verblieben. Zur Decksaison 1946 standen bereits wieder 112 Warmblut- und acht Kaltbluthengste zur Verfügung. In Güstrow und Greifswald wurden 1946 wieder erste Hengstmärkte veranstaltet.

Durch Umbau des ehemaligen Remontedepots entstand unter der Leitung von Hans Joachim Köhler 1946 das Landgestüt Ferdinandshof, das für Vorpommern zuständig war. Köhler schrieb: „Drei frühere Beschäler aus Labes kamen wieder ans Tageslicht, unter ihnen der DLG-Sieger ‚Flimmerstahl', der verräudet in einem Langholzwagen entdeckt wurde. Dazu kamen Ankäufe aus Nachwuchsjahrgängen. Das Gestütspersonal fand sich zusammen aus Trakehner Wärtern, Wärtern

Güstrow war landwirtschaftliches Zentrum in Mecklenburg. Hier fanden Tierschauen und die Körtage mit Hengstmarkt statt. Das Foto zeigt eine Veranstaltung aus dem Jahre 1950.

Den Hengst „Falkenhayn" entzog sich 1945 seinem Abtransport.

des Landgestüts Labes und Angehörigen der Boeselagerschen Reiterei (Anmerkung: Kavallerie-Regiment 15) sowie einigen Lehrlingen aus dem Lande."

Das Landgestüt Redefin war bis Mitte 1948 durch die sowjetische Militäradministration besetzt. Das machte den Gestütsablauf nicht eben einfacher. In einem Schreiben von 1946 notierte der damalige Landstallmeister Werner Hartwig: „Zur Zeit ist das Landgestüt nicht beziehbar, da Stallungen und Wohnräume noch von einer Einheit der Besatzungsmacht belegt sind. Es muss daher damit gerechnet werden, dass die Landbeschäler in den mecklenburgischen Kreisen nicht nach Redefin zusammengezogen werden können. Bis Anfang Oktober verbleiben sämtliche Hengste auf ihren Stationen." Ein vorrangiges Problem dieser Jahre stellte die Futterversorgung der Hengste dar. Werner Hartwig wies seine Mitarbeiter an: „Alle zur Verfügung stehenden Mengen an Hafer, Kleien und sonstigen Futtermitteln sind so sparsam wie möglich zu verwenden. Ich mache darauf aufmerksam, dass ich gegen jeden Gestütswärter auf das schärfste vorzugehen gezwungen bin, wenn sich herausstellen sollte, dass mit dem bereit gestellten Futter irgendwelche unverantwortlichen Dinge getrieben wurden." Eine Bezahlung der Decktaxe fand offensichtlich - zumindest teilweise - in Naturalien statt. In den Gestütsakten findet sich aus diesen Jahren eine Futtereinnahme-Liste mit den Rubriken: „Lfd. Nr., Stutenbesitzer (Name und Wohnort), Stute (lt. Deckverzeichnis), Hat bei der Bedeckung geliefert (Angabe in Pfund) Hafer und Kleie, Heu, Futterkorn."

Doch nicht nur das Futter war knapp, es mangelte auch an Ausrüstungsgegenständen und Dienstkleidung. Werner Hartwig in einem Bericht von 1948: „Trensen stehen zur Zeit nicht zur Verfügung, desgleichen nicht Spanngeschirre. Die Deckstellenleiter werden hiermit gebeten, bei jeder sich bietenden Gelegenheit Material zu kaufen, zu bestellen oder durch Vermittlung Dritter für einen Kauf greifbar zu machen und zwar: Sättel, Kardätschen, Glühbirnen, Sturmlaternen, Schlösser, Nägel aller Art. Dienstbekleidung ist bisher ohne Erfolg bei der Regierung beantragt. Trotzdem muss es unbedingt erreicht werden, dass sämtliche Gestütsangehörigen zumindest eine Dienstmütze mit Pferdekopf tragen, beziehungsweisesich irgendwie zu beschaffen versuchen."

Volkseigentum und Dezentralisierung

Die sowjetische Besatzungsmacht verließ im Sommer 1948 die requirierten Stallungen, Büros und Häuser. Somit konnten die Räumlichkeiten wieder zu Gestütszwecken freigegeben werden. Ein Teil der Hengste kehrte bis Ende September 1948 nach Redefin zurück. Der andere Teil musste aufgrund von Unterbringungsschwierigkeiten bis zum Ende der Decksaison 1949 auf den einzelnen Stationen verbleiben. Das Landgestüt Ferdinandshof verlor 1948 seine Selbständigkeit. Hans Joachim Köhler, der damalige Betriebsleiter, war bereits zuvor aus politischen Gründen in den Westen geflüchtet. 1950 wurde Ferdinandshof in Vorpommern komplett aufgelöst.

Am 1. Juli 1949 wurde das Landgestüt Redefin in das Volkseigentum überführt. Nach zwölfjähriger Unterbrechung fand im Oktober erstmals wieder eine Hengstparade statt. Da zu dieser Zeit eine

Nach Auflösung des Landgestüts Ferdinandshof wurde das Personal von Redefin übernommen. Reinhard Wojatschke, ein ehemaliger Ferdinandshofer, leitete 46 Jahre die Deckstelle in Griebenow.

Hengststall I während der Sanierung 2001.

„Zwangsbedeckung aller gesunden Stuten" herrschte, belief sich der Bestand an Hengsten auf insgesamt 221, die auf 51 Stationen 13.479 Stuten deckten. Nach Übernahme der Beschäler und des Personals aus dem aufgelösten Landgestüt Ferdinandshof war ab 1951 das VE (volkseigene) Landgestüt Redefin, wie es jetzt hieß, allein für die gesamte Hengsthaltung in Mecklenburg-Vorpommern zuständig. Bis 1956 wurde Redefin als Volkseigenes Gut geführt. Alle Landgestüte auf dem Gebiet der damaligen DDR wurden formell aufgelöst. In Redefin widmete man sich in diesen Jahren jedoch nicht nur der Pferdezucht. Im Wirtschaftshof wurde zum Beispiel eine Schweinemastanlage errichtet. In der Landesschule fand die Ausbildung von Brigadieren und Traktoristen statt.

In Protokollen aus diesen Jahren ist immer wieder von auftretenden Futterproblemen und Gebäudeschäden die Rede. In einer Niederschrift aus dem Jahre 1952 wurde „der Zustand der Dächer und Schornsteine aller Wirtschaftsgebäude und Werkwohnungen als mangelhaft" bezeichnet. Zugesagte Investitionsmittel für Reparaturen wurden zurückgezogen. Nur durch Überlassung von Alteisen konnten beispielsweise Anbindevorrichtungen, Wagen und Maschinen repariert werden.

Nach Beendigung des Zweiten Weltkrieges herrschte in der Pferdezucht eine Art „Massenproduktion". Pferde wurden dringend in der Landwirtschaft und im Transportwesen benötigt. Erst ab 1952 wurde das Augenmerk wieder vermehrt auf Qualität gerichtet. Das Referat Tierzucht in Schwerin vermerkte in einem Protokoll: „Grundlinie für die Arbeit der neuen Tierzuchtgüter ist, nicht auf Vermehrung, sondern auf Verbesserung und Verjüngung des Pferdebestandes hinzuarbeiten. Das Ziel ist, nicht nur für die Güter, sondern auch für die werktätigen Bauern in kurzer Zeit erstklassiges Pferdematerial zu liefern." Die Einführung einer elfmonatigen Prüfung der Junghengste in der Hengstprüfungsanstalt Redefin - sowohl unter dem Reiter als auch im Zuge - kann offenbar als ein erster Schritt in diese Richtung angesehen werden. Allerdings wurden, wie Professor Dr. Ottfried Weiher, Leiter des Instituts für Tierzucht der Landesforschungsanstalt in Mecklenburg-Vorpommern ausführte, „diese ersten guten Ansätze durch politische Entscheidungen wieder zunichte gemacht. Bei der Aufteilung der

Hengste wurde weitgehend willkürlich verfahren. Das traf auch für das Gestütspersonal zu, das ebenfalls den neuen Standorten der Hengste zugeordnet wurde. Mit diesen Maßnahmen sollte die traditionsgebundene Pferdezucht entthronisiert und den neuen staatlichen Strukturen angepasst werden. Dass durch diese Dezentralisierung der aktuelle Leistungsvergleich der Hengste verloren ging, wurde bewusst in Kauf genommen." Diese Aussagen werden durch ein Schreiben vom 15. Januar 1952, das an die Vereinigung Volkseigener Güter Mecklenburg gerichtet war, bestätigt. „Der Kollege Freihoff (Anmerkung: Günther Freihoff war bis zum 1. Februar 1952 Gestütsleiter in Redefin, später wechselte er in das Referat Tierzucht der VVG – Vereinigung Volkseigener Güter) bespricht mit den Kollegen die Auswahl der Güter, die Tierzuchthauptgüter für Pferde werden. Termin sofort. Auf allen übrigen Gütern wird die Pferdezucht verboten." Damit begann die Verlagerung der Zuchthengste auf 62 der Volkseigenen Güter des Landes Mecklenburg. In Redefin selbst verblieben rund 40 Hengste, die für die Kreisgebiete Hagenow, Ludwigslust und Parchim eingesetzt wurden.

Landstallmeister unter sich. Von links Hartmut Platzek, Redefin, Dr. Jürgen Müller, Neustadt/Dosse, Dr. Herta Steiner und Dr. Matthias Görbert, Moritzburg. Dr. Herta Steiner lenkte die Geschicke Redefins zwischen 1952 und 1956.

Redefin wird Hengstdepot

Die Entscheidungen aus den frühen fünfziger Jahren waren innerhalb der Züchterschaft nicht unumstritten und immer wieder kam es zu Diskussionen über eine zweckmäßigere Hengsthaltung und Fortführung der Pferdezucht. Schließlich wurde mit Gesetzblatt II vom November 1955 die Errichtung von insgesamt vier staatlichen Hengstdepots, das Wort Landgestüt wurde vermieden, auf dem Gebiet der damaligen DDR verfügt. Eines davon war Redefin, das am 1. Januar 1956 mit rund 300 Hengsten und gut 100 Beschäftigten seinen Dienst aufnahm. Direktorin in jenen Jahren war Dr. Herta Steiner, die später die Leitung des Hengstdepots Moritzburg übernahm.

Die Belegschaft des Landgestüts anlässlich des 150-jährigen Bestehens Redefins 1962.

Aus dem Jahr 1956 ist ein Stellenplan erhalten, der nicht nur über die Anzahl der Beschäftigten Aufschluss gibt, sondern auch über ihren Verdienst. So wurde der Betriebs-Direktor mit monatlich 850 Mark besoldet, ein Gestüts-Oberwärter erhielt 400 Mark, die Wärter bekamen, je nach Dienstjahren, zwischen 310 und 350 Mark, die Hilfswärter 220 bis 270 Mark. Dem Futtermeister und dem Schmied wurden je 400 Mark monatlich zugestanden, der Buchhalter und der Sattler erhielten je 350 Mark und eine Sekretärin wurde mit 270 Mark entlohnt. Während der Deckzeit bekamen die Deckstellenleiter zusätzlich eine Stationszulage von drei Mark pro Tag sowie eine Prämie für jede gedeckte Stute in Höhe von zwei Mark. Für jede tragend gewordene Stute gab es einen Zuschlag von drei Mark.

Die Bedeckungsrate im ersten Jahr des Hengstdepots belief sich auf 9.898 Stuten. Als Einnahmen in Form von Deckgeldern konnten 565.050 Mark verzeichnet werden. Die Decktaxe betrug zwischen 50 und 80 Mark, je nach Leistungsklasse des Hengstes. Für eingetragene Stuten wurde eine Ermäßigung in Höhe von zehn Mark gewährt.

Für Redefin begann mit der Einrichtung des Hengstdepots eine neue Ära. Zwar mangelte es im ersten Jahr immer noch an Ställen, auch Wohnungen waren knapp. Von den 300 Hengsten konnten nur 180 in Redefin untergebracht werden, die restlichen 120 mussten während der Depotzeit zusammen mit dem Personal auf den Stationen verbleiben. Allerdings waren Gelder für den Bau eines neuen Stalles, der östlich der Reithalle errichtet werden sollte, bereit gestellt worden. Renovierungsarbeiten wurden nach und nach durchgeführt. So erhielten sämtliche Stallungen einen Innen- und Außenanstrich, der Kornspeicher bekam einen neuen Dachstuhl, die Reithalle, das Landstallmeisterhaus und die Verwaltungsgebäude wurden von außen neu gestrichen. Auch eine neue Dienstkleidung wurde eingeführt.

Im Herbst 1956 besuchten 9.500 Zuschauer, „überwiegend noch selbst Pferdezüchter", wie im Jahresbericht der Institution vermerkt war, die beiden Hengstschauen, die auf dem Platz vor der alten Reithalle veranstaltet wurden.

Ein holländischer Käufer mustert ein Exportpferd.

Mecklenburger Pferde als Devisenbringer

Mit fortschreitender Technisierung der Landwirtschaft wurde das Pferd als Zugkraft immer entbehrlicher. So wurde das Zuchtziel Mitte der fünfziger Jahre dieser Entwicklung angepasst. Ein Warmblutpferd mit betonter Wirtschaftlichkeit als Ergänzungszugkraft sollte fortan gezüchtet werden. Um dieses Ziel zu erreichen, wurden vermehrt Araberhengste und Hengste Trakehner Abstammung eingesetzt. Auch auf Hengste aus dem hannoverschen Zuchtgebiet wurde zurückgegriffen. Jürgen Hellerung: „Anfang der fünfziger Jahre erhielt ich den Auftrag, turnusgemäß in Niedersachsen hannoversche Warmbluthengste anzukaufen. Unter meinen ersten Ankäufen waren so erfolgreiche Hengste wie ‚Gruß', der 16 gekörte Söhne lieferte, und ‚Duell I' als bedeutender Sportpferdevererber." Dennoch mussten neue Absatzquellen für Pferde erschlossen werden. Der heutige Zuchtleiter von Sachsen-Anhalt, Dr. Ingo Nörenberg, beschrieb die Situation so: „Um die Züchter angesichts des sinkenden Bedarfs der Landwirtschaft beim Absatz zu unterstützen, begann man, Reitpferde für den Export im damaligen Hengstdepot Redefin aufzustellen." 1959 zogen die ersten Exportpferde in Redefin ein. Diese standen noch sehr im Wirtschaftspferdetyp. Jedoch verlangten ausländische Käufer, aber auch Reiter aus der DDR, die Pferde für den Leistungssport benötigten, nach einem Edelblutanteil von 12,5 bis 25 Prozent. Dementsprechend wurde Anfang der sechziger Jahre als erster Vollblüter der in vielen schweren Rennen erfolgreiche „Tannenhäher" in der Warmblutzucht eingesetzt. Ihm folgten weitere, von denen besonders die beiden Hengste „Modus" und „Grollus" Zuchtgeschichte schrieben. Um für den internationalen Markt interessante Pferde zu produzieren, fand eine erneute Korrektur des Zuchtziels statt. Es lautete

Pferde als Devisenquelle. Das Auto eines dänischen Kaufinteressenten parkt vor dem Landstallmeisterhaus.

nunmehr: „Züchtung eines trockenen ausdrucksvollen Vielseitigkeitspferdes, das sowohl in der Landwirtschaft als auch im Sport Verwendung finden kann. Auf großen Raumgriff mit genügend Schwung in allen drei Gangarten ist besonderer Wert zu legen. Guter Charakter, Fruchtbarkeit und Langlebigkeit sind Bedingung." Das Konzept ging auf. Dr. Ingo Nörenberg: „Bereits in den sechziger Jahren kauften Holland, Dänemark, Belgien, die Schweiz, Luxemburg und England veranlagte Dressur- und besonders Springpferde in Redefin." Aus der Maßnahme, die Zuchtbetriebe von der aufgezogenen Nachzucht zu entlasten, hatte sich ein Devisenbringer für den Staat entwickelt. Damit war nicht nur der Fortbestand Redefins gesichert, sondern das Modell wurde in der Folgezeit auch auf andere Reitpferdezuchten der ehemaligen DDR übertragen.

Das 150-jährige Bestehen des Landgestüts wurde 1962 mit einem Bestand von 125 Warmbluthengsten, darunter 13 Prozent Veredelungshengste, und 58 Kaltbluthengsten begangen. Das Zuchtgebiet Mecklenburg-Vorpommern lieferte eine Vielzahl von Pferden für den Turniersport. Dementsprechend sattelten die Reiter in den Pferdesportzentren der DDR zum größten Teil Pferde aus dem nördlichen Zuchtgebiet. Ab 1964 erfolgte eine Zuordnung des Volkseigenen Hengstdepots Redefin zur Vereinigung Volkseigener Tierzuchtbetriebe. 1969 kam es schließlich zur Bildung der Zentralstelle für Pferdezucht beim Landwirtschaftsministerium in Berlin als zentrales Leitungsorgan. Mit Angliederung der beiden Zuchtleitungen in Schwerin und Rostock an das Hengstdepot entstand 1970 die Volkseigene Pferdezuchtdirektion Nord. In Redefin wurde zusätzlich ein Reittouristik-Betrieb angegliedert.

Zentralismus bis zur Wende

Der Hengstbestand in Redefin belief sich 1970 auf 86 Beschäler, darunter fünf Kaltbluthengste und ein Haflinger. Gedeckt wurden insgesamt 2.545 Stuten. Für die Reitpferdezucht wurden ein Arabischer und sieben Englische Vollblüter sowie 15 Hengste Trakehner Abstammung eingesetzt. Zentralen Festlegungen folgend wurde der Einsatz der Hengste, die ostpreußisches Blut führten, weiter erhöht. Jürgen Hellerung merkte hierzu kritisch an: „Obgleich das Zuchtziel zu dieser Zeit ein ausschließlich für den Sport bestimmtes Reitpferd forderte, war die Zahl der Hengste ostpreußischer Abstammung, mit zum Teil umstrittener Qualität, zu hoch. 1975 betrug der Anteil ostpreußischer Hengste zum Gesamtwarmblutbestand 24,3 Prozent gegenüber 6,8 Prozent der Englischen Vollblüter in Redefin. Im Export ging das hübsche Pferd, zumal nur für den Hausgebrauch als Billigware, wohl besser als das Sportpferd mit Leistungsveranlagung." Die Arbeit der Zentralstelle für Pferdezucht war auf eine zunehmende Vereinheitlichung und Zentralisierung der Pferdezucht ausgerichtet. So erfolgte die Vermarktung der Reitpferde für den Export seit 1971 zentral von Neustadt/Dosse aus.

1972 wurden schließlich die Traditionsbrände durch Ministerbeschluss verboten und durch einen Einheitsbrand ersetzt. Der Brand für Warmblutpferde war ein mit Schlangenlinien umschlungener Pfeil mit einem darunter stehenden E, als Symbol für „Edles Warmblut". Da Pferde aus Mecklenburg-Vorpommern besonders marktgängig waren und eine gute Devisenquelle darstellten, wurde beschlossen, dass Zuchthengste und Stuten dieser Region in andere Zuchtgebiete der DDR abgegeben werden mussten. Ziel war die Erzeugung eines exportfähigen Reitpferdes auch in den anderen Zuchtgebieten. Prof. Dr. Ottfried Weiher: „Zwischen 1962 und 1986 betraf dies ins-

Die alte Reithalle 1962 bei der 150-Jahr-Feier.

gesamt 37 Spitzenhengste, die der hiesigen Zucht verloren gingen, und im selben Zeitraum lieferten mecklenburgische und vorpommersche Züchter 635 Stuten in die Umzüchtungsgebiete im Süden."

Schließlich wurden ab 1978 nur noch zentral in Neustadt/Dosse die Junghengste einer Leistungsprüfung unterzogen. Die Auswirkungen auf die Mecklenburger Zucht umriss Prof. Dr. Weiher so: „Die ursprünglich für Mecklenburg und Vorpommern in Redefin geschaffene Prüfung wurde eingestellt und alle Hengste des Mecklenburger Warmblutes wurden von nun an in Neustadt zur Prüfung angeliefert. Die Hengstleistungsprüfung erfolgte für die Reitpferdekategorie für alle Zuchtgebiete einheitlich in straffer Form über eine Gesamtzeit von elf Monaten. Bei der anschließenden Verteilung der Hengste wurde sehr subjektiv entschieden und das nördliche Zuchtgebiet hatte meistens das Nachsehen." Darüber hinaus wirkte sich der Umstand, dass Pferde zu DDR-Zeiten in vielen Betrieben nur ein geduldeter Zweig waren, nicht eben positiv auf die Zucht aus. Dr. Ingo Nörenberg: „Nur dem Einsatz und der passionierten Arbeit engagierter Züchter, Sportler und Freunde des Pferdes ist es zu verdanken, dass viele bewährte Stutenstämme erhalten und qualitätvolle Pferde gezüchtet werden konnten." 1987, Redefin konnte sein 175-jähriges Jubiläum feiern, deckten 100 Hengste 3.221 Stuten. Das Deckstellennetz des Landes wies 16 Haupt- und 23 Nebenstellen aus. Zum 1. Januar 1988 wurde die Eingliederung der damaligen Volkseigenen Pferdezuchtdirektion Nord Redefin in das Volkseigene Kombinat Tierzucht vorgenommen. Im November 1989 kam die Wende – politisch und wirtschaftlich. Der heutige Redefiner Landstallmeister Hartmut Platzek: „Plötzlich war nichts mehr, wie es war. Wir standen vor einem völligen Neuanfang, wie 1945."

Redefin wird wieder Landgestüt

Das Volkseigene Kombinat Tierzucht wurde 1990 aufgelöst. Redefin ging in die Verwaltung der Treuhand über und wurde als selbständige Einrichtung mit dem Namen Landgestüt Redefin geführt. Mit Kabinettsbeschluss vom November 1991 entschied sich das Land Mecklenburg-Vorpommern für die Rücknahme des Landgestüts Redefin in die Hoheit des Landes Mecklenburg-Vorpommern. Als Kernziele des Landgestüts wurden, gemäß Kabinettsbeschluss, genannt:

- Hengsthaltung der Landbeschäler für das Land Mecklenburg Vorpommern auf 30 Deck- und Besamungsstationen,
- Bereitstellung qualitätvoller Hengste zu erschwinglichen Deckgeldsätzen,
- Einrichtung eines Besamungsservice für die Landeszucht,
- Leistungsprüfung von Hengsten und Stuten zur Verbesserung der Zucht,
- Aufbau und Betrieb der Landesreit- und Fahrschule zur Entwicklung von Pferdezucht und Sport,
- Berufsausbildung zum Pferdewirt,
- Ausbildung und Absatz von Sport-, Reit- und Wagenpferden zur Förderung der Pferdezucht im Lande,
- Durchführung der traditionellen Redefiner Hengstparaden.

Was sich plausibel und glatt liest, brachte in der Praxis jedoch erhebliche Konsequenzen mit sich. So musste der Hengstbestand zum Jahresende 1991 auf 83 Beschäler reduziert werden. Befanden sich 1990 noch 127 Reitpferde in den Redefiner Stallungen, musste diese Zahl auf elf verringert werden. Weniger Pferde bedeutete gleichzeitig weniger Personal. Durch Kündigungen und Inanspruchnahme von Vorruhestandsregelungen verließen 52 Mitarbeiter das Landgestüt. Zum 31. Dezember 1991 waren noch 35 Personen beschäf-

Zu den heutigen Kernzielen des Landgestüts gehört auch der Betrieb einer Landes-Reit- und Fahrschule.

Die Nachwuchsarbeit wird im Landgestüt großgeschrieben.

tigt. Die Personalkosten, die zu DDR-Zeiten eine untergeordnete Rolle spielten, stellten nach der Wende den Hauptkostenfaktor dar. Zwar war die Hengstparade 1991 – auch finanziell – ein großer Erfolg, denn an vier Sonntagen brachten respektable 30.000 Besucher Geld in die Kasse des Landgestüts. Auch gab es weitere Einkünfte in Form von Einnahmen aus den Stutenbedeckungen, der Hengstleistungsprüfung und den Kursen der Reit- und Fahrschule, dennoch waren diese Summen nicht ausreichend, um das Gestüt aus eigener Kraft zu erhalten. Im Dezember 1991 konnte schließlich erreicht werden, dass das Landgestüt durch das Land Mecklenburg-Vorpommern formell übernommen wurde. Der damalige Landwirtschaftsminister bezifferte den Zuschussbedarf Redefins auf jährlich 1,4 Millionen Mark. In der Praxis gab es jedoch Probleme, was den Transfer der öffentlichen Mittel anbetraf, denn die Verhandlungen, die das Land Mecklenburg-Vorpommern bezüglich der ehemaligen Volkseigenen Güter, und dazu zählte auch Redefin, mit der Treuhandanstalt führte, waren noch nicht abgeschlossen. Lag es im Bestreben der Berliner Treuhand die ehemaligen VE-Güter mit allen Verpflichtungen zu übergeben, konnte das Bundesland Mecklenburg-Vorpommern nicht daran interessiert sein, finanzielle Altlasten, die im Fall von Redefin mit 2,73 Millionen Mark beziffert wurden, mit zu übernehmen. Die Verhandlungen zogen sich knapp zwei Jahre hin und brachten damit das Gestüt in einen finanziellen Engpass. Immerhin konnte es gelingen, dass rund 60 Prozent der jährlichen Kosten durch eigene Einnahmen ausgeglichen werden konnten. Für die Differenz sowie für notwendige Reparaturen an den

Nach der Wende musste das Personal reduziert werden. Die Verwaltung heute.

Stutbuchaufnahme in Redefin. Vormustern an der Hand.

Talern versuchsweise auf einer kleineren Zahl von Prämierungen vergeben werden sollen, um durch die Erhöhung der Prämien einen Anreiz zu stärkerer Beschickung auszuüben. Trotzdem trat keine Erhöhung der Beschickung ein, so dass im September 1862 angeordnet wurde, dass bis auf weiteres alljährlich nur in vier bis fünf Ämtern Besichtigungen und Prämierungen von Mutterstuten und Saugfohlen abgehalten werden." Eine Wende trat erst 1863 ein, als im Amt Dargun eine sogenannte „Stuten-Kürung" eingeführt wurde. Kleinere Züchter erhielten eine Deckgeldermäßigung, wenn sie ihre Stuten an einem bestimmten Tag zur Besichtigung vorführten. Die Landgestütsordnung von 1838 sah ohnedies vor, dass „untaugliche Stuten" nicht zur Bedeckung durch Landbeschäler zugelassen werden konnten. In der Folgezeit wurden auch auf anderen Ämtern Anträge auf Einführung der „Stuten-Kürungen" gestellt, so dass diese 1893 auf insgesamt 22 Stationen durchgeführt wurden. Das vordringliche Problem zur Hebung einer qualitätvollen Pferdezucht bestand darin, dass den Züchtern Anreize gegeben werden mussten, damit sie nicht nur ihren Bedarf an Ackerpferden aus der eigenen Zucht deckten, sondern den Stamm ihrer guten Mutterstuten behielten und durch eigene Aufzucht der weiblichen Nachkommen verbesserten. Da die Züchter für gute Pferde gutes Geld erhielten, verkauften sie die besten und züchteten mit den schlechteren Stuten weiter, denn die taten ja genauso ihren Dienst in der Landwirtschaft. Im Jahre 1887 wurden staatlicherseits Beihilfen zur Anlage von Koppelweiden gewährt, die recht gut angenommen wurden und in der Folge zum Entstehen sogenannter „Weidegenossenschaften" führten. Schließlich wurde 1891 auf der Hauptversammlung des Mecklenburgischen Patriotischen Vereins der Antrag auf „Errichtung eines Gestütbuches für edle mecklenburgische Pferde" gestellt. Eine Kommission wurde gegründet, die einen entsprechenden Entwurf ausarbeitete und diesen dem Mecklenburgischen Landwirtschaftsrat vorlegte. In seiner Stellungnahme von 1893 schließt sich der Landwirtschaftsrat dem Entwurf an und führt aus, „dass die Prämierung von Stuten und Stutfüllen aus Landesmitteln als dringend geboten angesehen wird und dass ein einheitliches Zuchtziel aufgestellt wird." Der damalige Oberlandstallmeister Freiherr von Stenglin sprach sich im gleichen Jahr für „die Einführung obligatorischer Stutenkürungen und Füllenkonsignationen" aus, „um dem planlosen Züchten Einhalt zu tun und dahin zu gelangen, dass starke, konstant gezogene Stutenstämme entstehen, auf denen allein eine Zucht aufgebaut werden kann." Der Züchter sollte nur dann das Recht erhalten, einen Landbeschäler zu nutzen, wenn seine betreffende Stute zuvor „gekört" worden war. Weiter wurde gesagt: „Für gekörte Stuten wird das bereits übliche ermäßigte Deckgeld von 7,50 Mark vorgeschlagen, jedoch mit der Bedingung, dass die Nachzucht der Stuten vorgeführt werden muss." Am 16. Januar 1895 wurde schließlich durch das Staatsministerium eine „Verordnung zur Beförderung der Landespferdezucht" erlassen und eine „Kommission für die Landes-Pferdezucht" gebildet. Zum Vorsitz der Kommission wurde der Leiter des Landgestüts bestellt. Weiterhin gehörten ihr vier zu ernennende „bewährte Pferdezüchter des Landes" an sowie ebenso viele Stellvertreter. Zwei Tierärzte wurden beigeordnet. Die Verordnung sah außerdem die Führung eines Gestütbuches vor. In das Gestütbuch wurden auf Antrag alle Stuten eingetragen, die dem Zuchtziel entsprachen und nachweisbar über zwei Generationen homogen gezogen waren. Zum Zeitpunkt der Eintragung mussten sie entweder tragend sein oder ein Fohlen bei Fuß führen. In Verbindung mit den Stutbuchaufnahmen, die alljährlich im Juni durchgeführt wurden, fanden Prämierungen statt. Besitzer von Stuten, die eine Prämie von mindestens 300 Mark erhielten, mussten sich verpflichten, die betreffenden Stuten innerhalb eines Zeitraums von fünf Jahren nicht zu veräußern. Andernfalls sei die Prämie zurückzuzahlen. Als weitere Maßnahme zur Stützung der Pferdezucht wurde formuliert: „Sofern die im Etat für die Prämierung ausgesetzte Summe durch die gewährten Prämien nicht aufgebraucht wird, ist die Kommission berechtigt, den übrig bleibenden Teil für die Beschaffung geeigneten Zuchtstutenmaterials zu verwenden. Die auf diese Weise eingeführten Stuten dürfen nur an kleinere Besitzer abgegeben werden." Die Veräußerung dieser Stuten war nur mit Genehmigung der Kommission erlaubt. Als Anhang des Gestütbuches wurde ein Hengstregister geführt, in dem Landbeschäler und gekörte Hengste in Privatbesitz verzeichnet waren, die dem Zuchtziel entsprachen. Auch wurden Vorschriften zur Hengstkörung erlassen.

Ein Markenzeichen für Mecklenburg

Das Gestütbuch sollte zur Basis einer funktionierenden Zucht werden. Nach seiner Einführung wurden in den Folgejahren diverse Abänderungs- und Zusatzbestimmungen erlassen. Eine wesentliche Änderung fand 1913 mit der Einführung des sogenannten „Kontrollbrandes" statt: „Lehnt der Eigentümer des Pferdes die Anbringung des Brandes ab, so unterbleibt die Eintragung in das Gestütbuch bzw. die Auszahlung der Prämie." Der Brand bestand aus dem Buchstaben „M" in lateinischer Schrift mit der Reichskrone darüber. Er wurde nicht nur als wichtig erachtetet, um ein Erkennungszeichen für die Pferde zu schaffen, „sondern noch vielmehr, weil in der vorgeschlagenen Maßnahme ein Mittel erblickt wird, welches in hohem Maße geeignet sein könnte, die Zucht des edlen mecklenburgischen Halbblutpferdes zu fördern und zu konsolidieren." In diesen Jahren bestand bei den bäuerlichen Züchtern aus wirtschaftlichen Gründen eine Vorliebe für die Kaltblut- bzw. für eine Kreuzungszucht. Am Vorabend des Ersten Weltkrieges sah man indessen „in ihrer Ausbreitung eine Gefahr für die Güte der Remontierung der Armee".

1921 wurden mit dem „Gesetz zur Förderung der Landespferdezucht (Warmblutzucht)" umfangreichere Neuerungen eingeführt, darunter zum Beispiel die Prämierung von Stut- und Hengstfohlen. Auch wurde an kleinere Besitzer oder Genossenschaften eine Beihilfe zur Anlage von Standweiden gezahlt. Die bisherige Kommission für die Landespferdezucht wurde umbenannt in „Ausschuss für die Landespferdezucht", welcher dem Ministerium für Landwirtschaft, Domänen und Forsten unterstellt war. Das Gestütbuch wurde in Abteilung A und B aufgeteilt. Eingang in Abteilung A fanden „alle bisher eingetragenen Stuten und deren Nachzucht sowie neu einzutragende Stuten, die in mindestens drei Generationen väterlicher- und mütterlicherseits aus mecklenburgischer oder hannoverscher Halbblutzucht homogen gezogen sind." In Abteilung B wurden diejenigen Stuten aufgenommen, die abstammungs- und qualitätsmäßig geringer eingeschätzt wurden, jedoch dem Zuchtziel der mecklenburgischen Warmblutzucht entsprachen und als geeignet für die Landespferdezucht erschienen. Der Brand blieb wie bisher erhalten. Diese Verordnung blieb bis 1936 in Kraft. Da nach 1933 eine sehr starke Zunahme an Stuten-Eintragungen zu verzeichnen war, wurde ab 1934 eine Neugliederung des Zuchtverbandes in Kreis- und Ortsvereine vorgenommen.

Schleifen für die Sieger.

Zwischen 1895 und 1912 stellte der Staat jährlich rund 10.000 Mark zur Prämierung und für den Ankauf von geeignetem Stutenmaterial zur Verfügung. Zwischen 1912 und 1918 standen die Mittel lediglich zur Prämierung zur Verfügung, gleichzeitig wurden sie bis Ende des Ersten Weltkrieges auf jährlich 20.000 Mark angehoben. In der Zeit bis 1933 wurden die staatlichen Gelder kontinuierlich reduziert. Die Landespferdezucht wurde 1933 nur mit 2.880 Reichsmark unterstützt. Nach der Machtergreifung der Nationalsozialisten erfuhr nicht nur das Landgestüt Redefin eine intensive finanzielle Unterstützung, sondern auch die gesamte Pferdezucht. Jürgen Hellerung: „So erhielten zum Beispiel 1934 nur 119 Pferde auf 30 Schauplätzen den Betrag von insgesamt 4.325 Reichsmark, im Jahre 1937 dagegen 324 Pferde auf 40 Plätzen 10.000 Reichsmark. Diese die Zucht ermunternde Maßnahmen hatten die Folge, dass 1937 2.541 Verbandsmitglieder 4.007 eingetragene Stuten besaßen, während es 1934 nur 1.049 Mitglieder mit 1.500 Stuten waren."

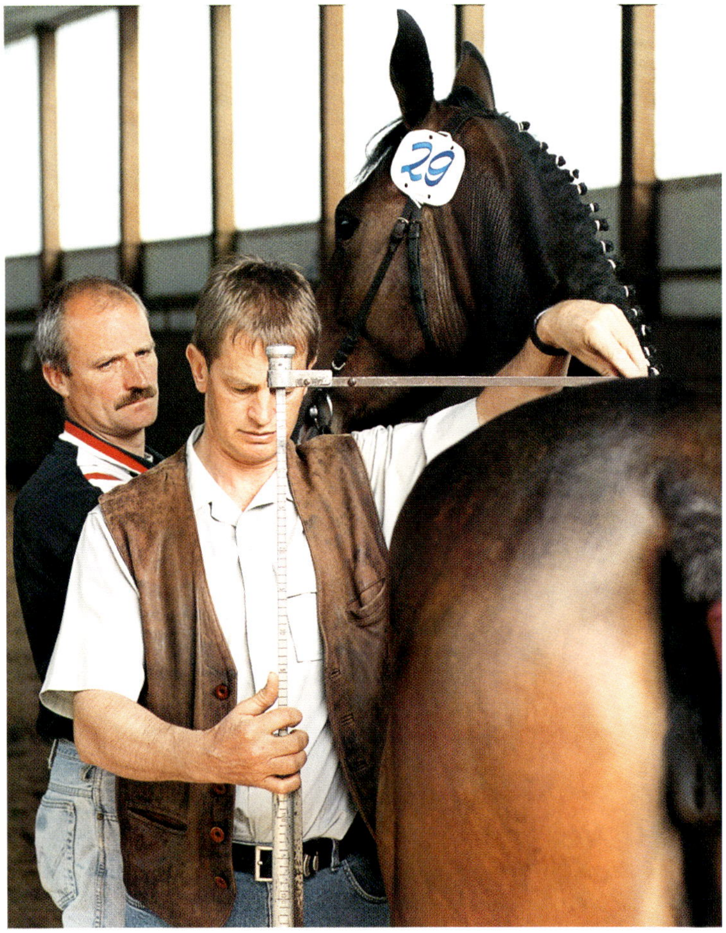

Stutbuchaufnahme – das Stockmaß wird genommen.

Früher waren Stuten mit mangelhafter Hufpflege von einer Preisvergabe ausgeschlossen. Auch heute kommt der Hufpflege und dem Hufbeschlag eine große Bedeutung zu.

Staatsprämie: Geld vom Staat

Im Rahmen des Reichstierzuchtgesetzes fand 1936 eine Umstrukturierung der bestehenden Zuchtorganisation statt. Ein Landespferdezuchtleiter wurde ernannt, der zum einen für die Geschäftsführung des bisherigen Ausschusses für die Landespferdezucht zuständig war und zum anderen für die Geschäftsführung des Verbandes Mecklenburgischer Warmblutzüchter, der 1913 durch den Zusammenschluss der Warmblutzüchter der beiden bis dahin bestehenden Großherzogtümer entstanden war. Wie in anderen Gebieten des Deutschen Reiches entstand ein Verband als Vertretung der Züchter. Die Eintragung von Stuten in das Gestütbuch wurde nur dann vorgenommen, wenn der Besitzer Mitglied des Verbandes war. Umgekehrt mussten Eigentümer von bereits eingetragenen Stuten ebenfalls Verbandsmitglied werden. Für die Gestütbuchstuten wurden Halsbrände eingeführt, die für die Abteilungen A und B unterschiedlich waren. Hierdurch sollte eine leichtere Identifikation und Zuordnung der Stuten ermöglicht werden. Der Schenkelbrand, den bereits die Fohlen erhielten, wurde unverändert beibehalten. In Form einer Generalbesichtigung mussten alle Stuten, die in das Gestütbuch eingetragen waren und noch zur Zucht benutzt wurden, vorgeführt werden. Deshalb fand an 83 verschiedenen Orten eine Vormusterung von rund 3.000 Stuten statt. Das bisherige Prämierungswesen wurde komplett überarbeitet. Nunmehr waren zur Vergabe des Staatsgeldpreises, der bisher nur an Stut- und Hengstfohlen verliehen wurde, auch ein- bis dreijährige Stuten zugelassen, die hinsichtlich Typ und Abstammung den Anforderungen der Abteilung A des Gestütbuches entsprachen. Am Rande sei bemerkt, dass Stuten mit mangelhafter Hufpflege von der Preisvergabe ausgeschlossen wurden. Diejenigen Stuten, die das Preisgeld erhielten, trugen ab jetzt die Bezeichnung „Staatsprämienstute“. Ihre Besitzer mussten eine schriftliche Zuchtverpflichtung eingehen. Die

Staatsgeldpreise waren nach Qualität und Alter der Stute gestaffelt, so erhielt beispielsweise der Besitzer einer mit „1a" ausgezeichneten dreijährigen Stute 70 Reichsmark, für ein Stutfohlen der gleichen Qualität waren es 40 Reichsmark. Zusätzlich gab es für Staatsprämienstuten eine Deckgeldermäßigung auf den staatlichen Hengststationen. Durch die Geldpreise und Vergünstigungen sollte für Züchter ein Anreiz geschaffen werden, die besten Stuten nicht zu verkaufen, sondern züchterisch zu nutzen.

Voraussetzungen für die Eintragung der Stuten in die Abteilungen A und B des Gestütbuches waren die Beurteilungen bei den Musterungen sowie die Abstammung der einzelnen Stuten. Für eine Eintragung in die Abteilung A wurde der Mindestnachweis von drei Generationen verlangt. Stuten, die diese Vorgabe erfüllten, jedoch hinsichtlich Typ, Form und Gang nicht genügten, wurden in Abteilung B eingetragen. Bei guter Vererbung, es mussten mindestens zwei qualitätvolle Fohlen nachgewiesen werden, konnten diese in die Abteilung A aufsteigen. Umgekehrt konnten Stuten, die sich schlecht vererbten, in B heruntergestuft, oder ganz aus dem Gestütbuch gestrichen werden. Der Stutbuch-Aufnahme-Ausschuss bestand aus vier Mitgliedern. Dies waren als Leiter der Vorsitzende des Verbandes, beigeordnet waren der Vorsitzende des jeweiligen Kreisverbandes, der Geschäftsführer des Verbandes und der Leiter des Landgestütes Redefin. Als Zuchtziel wurde ein edles, starkes und leichtfuttriges Warmblutpferd mit hoher Leistungsfähigkeit und gutem Temperament formuliert, das im Typ des Hannoveraners stand.

Nach dem Zweiten Weltkrieg erfolgte in der DDR im Zuge der Zentralisierung 1953 schließlich die Auflösung des Verbandes mecklenburgischer Warmblutzüchter. Seine Aufgaben übernahm die Zuchtleitung für Pferde in der Vereinigung Volkseigener Tierzuchtbetriebe. Das gesamte Prämierungswesen wurde im Großen und Ganzen beibehalten. Es gab Staatsprämienstuten, Zuchtprämien, Leistungsprüfungen, Stutenleistungsbuch, Fohlenschauen und Prämierungen sowie Elitestutenschauen. Das Augenmerk lag auf der Erzeugung eleganter leistungsstarker Sportpferde. Dieses Ziel sollte durch einen stärkeren Einsatz Englischer Vollblüter sowie ostpreußischer Blutlinien erreicht werden. Im Jahre 1970, also nach Gründung der Zentralstelle für Pferdezucht in Berlin, wurde die gesamte Pferdezucht der DDR zusammengefasst. Ihr unterstellt wurden auch die Gestüte, die drei verbliebenen Hengstdepots, die Rennbahnen und die Zuchtleitungen.

Verband mit neuen Aufgaben

38 Jahre nach Auflösung des Verbandes Mecklenburger Pferdezüchter wurde 1990 der Verband der Pferdezüchter Mecklenburg-Vorpommerns e. V. mit Sitz in Güstrow gegründet. Im Gründungsjahr gehörten dem Verband 1.628 Züchter mit 3.262 Stuten und 148 Hengsten aller Rassen an. Dem Zuchtreport für das Jahr 2000 ist zu entnehmen, dass die Rassegruppe Warmblut mit 58,9 Prozent den höchsten Anteil zuchtaktiver Stuten besitzt. In der Rangierung nach Anteilen folgen die Rassen Deutsches Reitpony (11,2 Prozent), Haflinger (9,4 Prozent), Shetlandpony (6,1 Prozent), Mecklenburger Kaltblut (3,8 Prozent) und Lewitzer (3,1 Prozent). Die Aufgaben des Verbandes sind unter anderem:

- Förderung der Pferdezucht,
- Unterstützung der züchterischen Maßnahmen,
- Zusammenschluss aller Züchter im Verbandsgebiet,
- Beratung der Züchter und der Pferdezuchtgremien,
- Identifizierung, Kennzeichnung und Dokumentation des Pferdesbestandes,
- Durchführung von Leistungsprüfungen, Schauen, züchterischen Veranstaltungen und Prämierungen,
- Führung des Zuchtbuches und Umsetzung des Zuchtprogramms und der Zuchtordnung.

Der jüngste Verbands-Beschluss sieht vor, dass den Mecklenburger Brand jetzt alle Reitpferdefohlen erhalten, die in Mecklenburg-Vorpommern geboren werden, unabhängig vom Brandzeichen

Fohlenschau im Landgestüt.
Auch große Sieger fangen klein an.

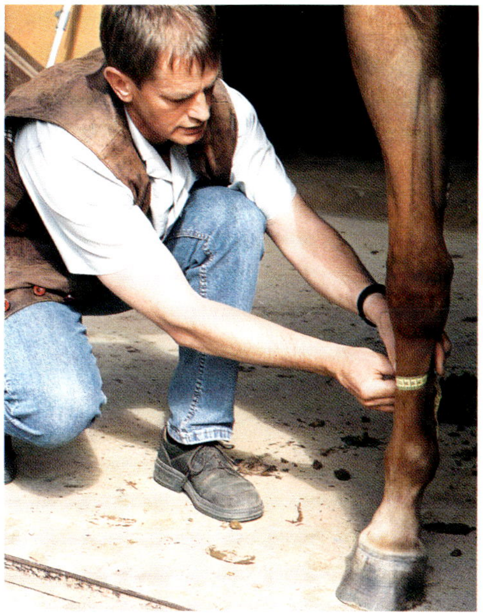

Zur züchterischen Dokumentation gehört auch die Messung des Röhrbeinumfanges.

Die Lewitz-Schecken sind eine Besonderheit in Mecklenburg-Vorpommern.

der Eltern. Über die Aufnahme in die Zuchtbücher entscheiden Leistung und Exterieur. Zur Körung werden allerdings nur Hengste zugelassen, die in den ersten fünf Generationen mindestens einen Hannoveraner oder Mecklenburger aufweisen, somit sind reine Trakehner und Holsteiner ausgeschlossen.

Seit 1951 werden Stutenleistungsprüfungen durchgeführt. Lag das Augenmerk in früheren Jahren auf Zugwilligkeit, Schrittlänge, Charakter und Temperament der Stute, werden heute die Grundgangarten unter dem Reiter, die Rittigkeit und das Freispringen benotet.

Bei der Staatsprämienvergabe muss eine Stute diese Voraussetzungen erfüllen:

- Stuteneintragungsergebnis mit einer Gesamtnote von 7,3 oder besser,
- dabei darf keine Einzelnote unter 6 liegen, bei den Kriterien „Rasse- und Geschlechtstyp“ muss mindestens eine 8 erreicht werden,
- die Stutenleistungsprüfung muss mit einem Gesamtergebnis von mindestens 7,0 bestanden sein.

Bei der Umsetzung des Zuchtprogramms nimmt das Landgestüt Redefin eine bedeutende Stellung ein. In Abstimmung mit dem Vorstand und dem Zuchtleiter erfolgt unter Berücksichtigung des Zuchtprogramms der Einsatz der Landbeschäler im Verbandsgebiet. Die Privathengsthalter haben sich in einem privaten Hengsthalterverein zusammengeschlossen.

In Zusammenarbeit mit dem Verband sollen künftig Absatzveranstaltungen, Verkaufswochen oder Auktionen veranstaltet werden.

Jährlich werden derzeit im Landgestüt eine Vereinsfohlenschau des Pferdezuchtvereins Redefin, ein Fohlen-Regionalchampionat für die Regionen Westmecklenburg und Nordwestmecklenburg sowie ein Fohlenchampionat mit der Vergabe der Verbandsprämien durchgeführt. Redefin ist immer wieder Treffpunkt von Interessengemeinschaften. So veranstaltet zum Beispiel die IG Shetlandpony jährlich den Shetlandponytag, außerdem findet eine bundesweite Lewitzscheckenschau statt.

Zucht

Ein Deckstellennetz entsteht

In der ersten Landgestütsordnung von 1838 wird die Staatshengsthaltung festgeschrieben und eine Stuteneintragung nebst Brennordnung eingeführt. Ein Deckstellennetz, das systematisch mit Hengsten versehen wird, entstand. Die Landgestütsordnung sagt hierzu aus: „Das im Jahre 1812 eingerichtete Landgestüt hat im Laufe der Zeit eine Ausdehnung erhalten, die es möglich machte, dass in neuerer Zeit 25 verschiedene Stationen mit 128 Landbeschälern besetzt werden konnten.“ Das Deckstellennetz werde zur „Verbesserung der Pferdezucht im Allgemeinen“ aufgebaut, als weiteres Argument wurde genannt, dass man darin „die Eröffnung einer Quelle, um auf direktem Wege die Staatseinkünfte zu vermehren“ sehe, allerdings mit dem Zusatz, dass dies nicht der „allerhöchste Beweggrund“ war. Zweifellos trugen die Landgestüte maßgeblich zur Verbesserung der Pferdezucht bei. Dennoch verfolgten sie auch pekuniäre Interessen. Aussagen wie „dass (die Domanial-Eingesessenen) ihre Stuten nur von Landbeschälern belegen lassen, und sich dazu keiner fremden, mittelmäßigen, wohl gar schlechten Hengste bedienen, weniger aber noch selbst Hengste halten, und diese gegen Erlegung eines Sprunggeldes decken lassen ... darüber haben die Stations-Beamten in ihren Bezirken mit Strenge zu wachen“ legen die Interpretation nahe, dass damals wie heute eine Konkurrenz zur Privathengsthaltung gegeben war.

Im Übrigen wurde in der Landgestütsordnung geregelt, welche Stuten nicht angenommen werden sollten. „Unbedingt zurückzuweisen sind alle räudigen, rotzigen und sonst unreinen Stuten, ferner solche, die wegen hohen Alters oder organischer und erblicher Fehler zur Zucht unbrauchbar

Besamungsstation Rostock-Kritzmow.

Mit dem Zweispänner zur Hengststation – dieses Bild hat heute Seltenheitswert. Die Schimmelstute wird ausgespannt, um zum Hengst geführt zu werden.

sind." Die Zahl der Sprünge pro Hengst und pro Tag wurde ebenfalls festgelegt. Volljährige Hengste durften demnach zweimal täglich, ihre vierjährigen „Kollegen" hingegen nur einmal am Tag decken. Während der gesamten Decksaison, die vom 1. März bis zum 30. Juni dauerte, sollten die älteren Hengste nach Möglichkeit 60 Stuten dekken, die jüngeren 40. Um Angebot und Nachfrage unter einen Hut zu bekommen, wurde verfügt: „Lässt der Andrang den Stations-Beamten von vornherein absehen, dass ein Hengst mehr wie 60 oder 40 Stuten decken müsse, so ist hiervon dem Direktorium des Landgestüts Anzeige zu machen und Vermehrung der Hengste auf der Station zu gewärtigen. Ist hingegen eine Station mit zu vielen Hengsten besetzt, so dass davon einer oder einige entbehrlich werden, so ist dieserhalb sofort Anzeige zu machen, damit die überflüssigen Landbeschäler von jener Station abgeholt und anderweitig aufgestellt werden können." Die tägliche Deckzeit wurde morgens zwischen 4 und 8 Uhr sowie nachmittags und abends zwischen 17 und 20 Uhr angesetzt. Jede Stute, die dem Landbeschäler zum Bedecken zugeführt wurde, musste aus Sicherheitsgründen mit Stricken gespannt sein.

Wie es während der Decksaison zu Zeiten des guten alten Natursprungs zuging, schilderte Hans Joachim Köhler, Sohn des Landstallmeisters Hans Köhler, in seiner so typischen launigen Art: „Walter Muchow war bärenstark, aber von großer Gutmütigkeit. Er gehörte zu den jüngeren Gestütswärtern. Er leitete in der Deckzeit die Station Tews Woos nahe Dömitz an der Elbe. Zu den ihm anvertrauten Beschälern gehörte ‚Forstadjunkt', ein Sohn des Celler Hengstes ‚Förster', dessen Söhne vor allem jene Umgangsformen vermissen ließen, die man sonst eigentlich gewohnt war. ‚Zum Deckschauer sind es vom Stall aus ungefähr 50 Meter', erzählte Muchow, ‚dann ging der Deubel nur auf zwei Beinen. Zwischendurch drückte er groß ab, und dann flog mein eigenes Schwergewicht durch die Gegend wie ein Bündel Flicken. Loslassen tat ich ihn nie. Der hätte ja sonst alles auseinandergenommen. Das ist wirklich ein Berserker. Wenn ich ihn dann bei der Stute hatte, manchmal rutschte ich auf dem Bauch hinter ihm her, dann bekamen es mitunter die Bauern mit der Angst oder so einer, den sie mit der Stute losgeschickt hatten. Wenn so einer dann die Stute losließ, kam ich mit dem Dunkelbraunen überhaupt nicht wieder auf die Beine. Bis dann endlich mal einer zufasste und dem Chaos ein Ende machte.' Diese Geschichte musste uns Muchow immer wieder erzählen. Oft bei Schnaps und Bier. Und jedes Mal wurde die Story dann noch schlimmer, so dass alles wunderwerkte, dass Muchow und andere überhaupt noch am Leben waren."

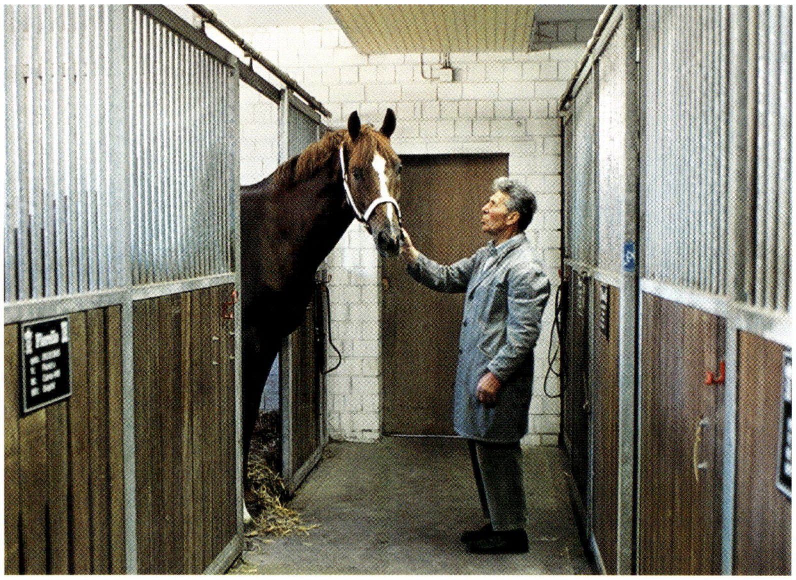

Während der Deckzeit beziehen die Hengste ihre Boxen auf den einzelnen Stationen. Hier in Griebenow.

„Rubinstern" von „Rubinstein" verbreitet das R-Blut in Redefin.

Künstliche Besamung

Die künstliche Besamung beim Pferd kam, im Gegensatz beispielsweise zum Rind, erst relativ spät zum Einsatz. Hierfür spielten in erster Linie biologische Gründe eine Rolle. Der Samen des Hengstes ist relativ kurzlebig, andererseits besitzt die Stute eine lange und variable Rossedauer. Ein weiterer Grund ist sicherlich die restriktive bis ablehnende Haltung, die Züchter der künstlichen Besamung entgegenbrachten. Erst mit zunehmender wirtschaftlicher Bedeutung der Pferdezucht wuchs das Interesse an der instrumentellen Samenübertragung. Da die Decksaison in der Pferdezucht nur wenige Monate dauert, setzt förmlich ein Run auf die begehrten Hengste ein. Hier galt es, die Wünsche der Züchter mit den biologischen Grenzen der Hengste unter einen Hut zu bringen. In der künstlichen Besamung sah man ein geeignetes Konzept. Da aus einem Ejakulat Portionen für mehrere Samenübertragungen gewonnen werden können, steht der einzelne Hengst einer größeren Anzahl von Stuten zur Verfügung. Nach rund fünfzehn Jahren künstlicher Besamung wird allerdings immer lauter über eine genetische Einengung der Pferdezucht diskutiert. Dies sicher nicht zu Unrecht, denn eine kleine Anzahl an gut gemanagten Hengsten bekommt ein Gros der Stuten. Im Dressursport ist inzwischen oft von den sogenannten „WDR-Pferden" die Rede. Diese werden nicht deshalb so bezeichnet, weil sie vom Westdeutschen Rundfunk kommen, sondern auf die Hengste „Weltmeyer", „Donnerhall" und „Rubinstein" zurückgehen. Andere Hengste, die sich nicht unbedingt schlechter vererben, werden von den Züchtern häufig weniger beachtet. In der Tat geht es um Vermarktungsaspekte, die nicht zu Unrecht in die Waagschale geworfen werden. Doch die Vielfalt der Linien wird zwangsläufig eingeengt. Auf der anderen Seite muss man ganz klar den Vorteil der instrumentellen Samenübertragung sehen. Da ein unmittelbarer Kontakt zwischen Stute und Hengst nicht stattfindet, können Infektionsketten, die in der Vergangenheit Zucht und Pferdegesundheit negativ beeinflussten, weitgehend unterbunden werden.

In Deutschland wird der Betrieb einer Besamungsstation von einer behördlichen Genehmigung abhängig gemacht. Dies ist im Tierzuchtgesetz von 1989 geregelt. Die einzelnen Bereiche wie Samengewinnung, Samenuntersuchung und Sameneinführung müssen unter Einbeziehung von Hygienebarrieren voneinander getrennt sein.

Instrumentelle Samenübertragung. Das Ejakulat wird unter dem Mikroskop überprüft.

Tägliches Bewegen dient dem Wohlbefinden der Hengste. „Piment" auf der Deckstation Alt Kamp auf der Insel Rügen.

Zur Samenentnahme ist in einem separaten Raum eine feste Pferdeattrappe, das so genannte Phantom, installiert. Die Vorteile des Phantoms gegenüber einer mit Stricken gespannten Stute bei der Samenentnahme liegen zum einen in der größeren Hygiene, zum anderen auch in Sicherheitsaspekten für das Personal begründet.

Der Samen des Hengstes wird in einem Gefäß aufgefangen. Dieses wird zur Samenuntersuchung an das angeschlossene Labor weitergeleitet. Hier wird der Samen nach Volumen, Samenzellkonzentration, der Spermiengesamtzahl und ihrer Beweglichkeit analysiert. Die Anzahl der Portionen, die aus dem Samen gewonnen werden, ist abhängig vom Anteil der vorwärtsbeweglichen Samenzellen im Ausgangsejakulat. Durch Einsatz spezieller Verdünnermedien lässt sich der Samen in der Regel bis zu 72 Stunden bei Kühlschranktemperatur konservieren. Der Versand der Samenportionen erfolgt ohne Unterbrechung der Kühlkette in speziellen Transportbehältern. Die Sameneinführung bei den Stuten wird in separaten Inseminationsräumen vorgenommen. Die Stuten stehen zu diesem Zweck in Untersuchungsständen. Die Frischsamenübertragung findet in Intervallen von 36 bis 48 Stunden statt. Parallel dazu wird in der Regel eine Follikelkontrolle durch den Tierarzt vorgenommen, so dass der Verlauf der Rosse gut verfolgt werden kann. Eine Nachuntersuchung der Stute auf Trächtigkeit kann ab dem 18. Tag nach der letzten Besamung per Ultraschall durch den Tierarzt durchgeführt werden.

Das Landgestüt Redefin unterhält in ganz Mecklenburg-Vorpommern derzeit insgesamt neun Deckstellen. Als reine Besamungsstationen sind Redefin, Groß Vielen und Rostock-Kritzmow ausgelegt. Die Stationen in Rupensdorf, Gülzow, Griebenow, Alt Kamp, Janow sowie Pasewalk werden als klassische Deckstellen geführt, in denen neben dem Natursprung allerdings auch Besamungen durchgeführt werden können. Alle Deckstellenleiter verfügen über eine zusätzliche Ausbildung zum Besamungswart. Der Anteil der künstlichen Besamung ist in den letzten Jahren kontinuierlich angestiegen und beträgt derzeit rund 63 Prozent aller Bedeckungen.

Exemplarische Zuchtstätten

Voigtsdorf

Während sich die Pferdezucht vor dem Zweiten Weltkrieg in Mecklenburg in erster Linie in bäuerlicher Hand befand, kristallisierten sich in Vorpommern einzelne Gestüte heraus, die einen besonderen Einfluss auf die Zucht nahmen. Besonders hervorzuheben ist hier die Platesche Zucht in Voigtsdorf. Zwischen 1920 und 1940 lieferte Heinrich Plate allein 79 Hengste nur an das pommersche Landgestüt in Labes. Bis 1944 ent-

Voigtsdorf war Hort der Warmblutzucht.

stammten insgesamt 128 gekörte Hengste seiner Zucht. Aus kleinsten Anfängen heraus, Plate hatte Voigtsdorf 1905 als Pachtgut übernommen, begann er, mit drei Stuten eine der bedeutendsten Zuchten aufzubauen. Zu den drei Stammstuten, „Dörchen“, „Betty“ und „Loreley“, die in ihrem Pedigree die Hengste „Julius“, „Schlütter“ und „Norfolk“ führten, gesellten sich in den Folgejahren diverse Töchter.

Einer der einflussreichsten Hengste, die das Licht der Welt in Voigtsdorf erblickten, war der 1933 geborene Hengst „Flimmerstahl“. Dreijährig wurde der Hengst an das Landgestüt Labes verkauft, hier deckte er bis 1945. Bereits seine ersten Nachkommen zeichneten sich durch eine besondere Qualität aus. Nach Kriegsende wurde er, völlig verräudet, als Gespannpferd vor einem Langholzwagen aufgefunden. Nachdem er Station in Ferdinandshof bezogen hatte, wurde er bis 1951 als Hengst in Voigtsdorf eingesetzt. Seine nächsten Stationen waren Walkendorf und Rostock. Er lieferte eine große Anzahl von viel beachteten Nachkommen, darunter sechs gekörte Söhne, die allesamt in Redefin eingesetzt wurden, sowie einhundert eingetragene Stuten. Ein weiterer Hengst, der eng mit Voigtsdorf verbunden war, trug den Namen „Flügel“. Beide Hengste hatten einen bedeutenden Einfluss auf die gesamte Zucht in Mecklenburg-Vorpommern. So brachte die Kombination „Flügel mal Flimmerstahl“ 17 gekörte Hengste und 174 eingetragene Stuten. Der Zweite Weltkrieg hatte zwar eine große Lücke in den Bestand der Plateschen Zucht gerissen, doch bereits 1947/48 standen wieder 80 Stuten im Stall. Zu DDR-Zeiten wurde das Gestüt in „Volkseigenes Gut Voigtsdorf“ umbenannt. Die Geschicke der Voigtsdorfer Pferdezucht wurden ab dieser Zeit maßgeblich durch die beiden Fohlenmeister Hermann Dassow und Walter Stave gelenkt, die bereits unter Heinrich Plate ihr Handwerk erlernten. In Voigtsdorf konzentrierte man sich, wie auch in früheren Jahren, auf die Aufzucht von Hengstanwärtern. Bis 1962 lieferte diese Zucht 80 Junghengste für Redefin. Anfang der sechziger Jahre hielten die Veredlerhengste „Tannenhäher xx“ und „Atreus“, ein Trakehner, in Voigtsdorf Einzug. Damit fand eine Anpassung der Zucht an das neue Ziel „modernes Reitpferd“ statt. Voigtsdorfer Stuten waren auf vielen Schauen eine sichere Bank auf vordere Plätze, nicht selten wurden sie zu Siegerstuten ernannt oder stellten gar die Siegerfamilie. In Redefin decken derzeit noch die beiden letzten Hengste aus der Voigtsdorfer Zucht „Diamon“ und „Damos“. Nach der Wende ging das ehemalige VE-Gut Zarnekow-Voigtsdorf, das ursprünglich aus den Gütern Voigtsdorf, Zarnekow und Langenfelde entstand, in die Verwaltung der Treuhand über. Der gesamte Betrieb des VE-Gutes umfasste eine Nutzfläche von 2.006 Hektar, die sowohl für die Feld- als auch für die Viehwirtschaft genutzt wurde. Neben der Pferdezucht gab es eine Stammzucht von Rindern und Schafen. Da Rückforderungsansprüche seitens der Erben der ehemaligen Besitzer bestanden, löste die Treuhandanstalt das gesamte VE-Gut Zarnekow-Voigtsdorf auf. Die wertvolle Stutenherde wurde in alle Winde zerstreut. Nur ein kleiner Teil der Stuten konnte im Zuchtbereich verbleiben.

Ganschow

Auf Initiative des damaligen Redefiner Gestütsdirektors Hans Henschler kam es am 1. Januar 1962 zur Gründung des Fohlenhofes Ganschow. Grundlage für das Gestüt bildeten zwei aufgegebene Großbauernhöfe. Ganschow wurde zunächst als Nebenbetrieb von Redefin geführt. Ab 1965 wurde der Fohlenhof selbständig und systematisch zum größten Warmblutgestüt der DDR aufgebaut. Die Hauptaufgabe Ganschows lag zunächst im Ankauf und in der Aufzucht von Fohlen, die im Reitpferdetyp standen. Auf diese Weise wurde für die Züchter eine Absatzmöglichkeit geschaffen. Eine andere Aufgabe Ganschows war, das Pferd Trakehner Abstammung in Reinzucht zu züchten. Nach Kriegsende konnte eine größere Anzahl Stuten ost- und westpreußischer Abstammung registriert werden. Jedoch wurde nur mit einem geringen Teil der Stuten in

Reinzucht weiter gezüchtet. Als Hauptgrund hierfür muss ein Mangel an ostpreußischen Hengsten angesehen werden. Dem Institut für Tierzuchtforschung Dummerstorf kam eine wesentliche Rolle beim Erhalt der Rasse zu. 1, der hier gehaltenen Stuten und ein Hengst bildeten den Grundstock der Ganschower Zucht, die später auf bis zu 85 Stuten erweitert wurde. Als Grund für die Bildung einer Stutenherde auf ostpreußischer Basis führte Professor Dr. Ottfried Weiher an: „Da sich immer stärker abzeichnete, dass der Exportmarkt vor allem Reitpferde mit Edelblutanteilen bis zu 25 Prozent bevorzugte und ganz besonders Pferde Trakehner Abstammung günstig im Handel lagen, wurden alle Trakehner Hengste und Stuten zusammengezogen." Zur Blutauffrischung führte man Hengste aus der Sowjetunion und Polen ein. Besonderen Einfluss auf die Zucht nahm der Importhengst „Trafaret" aus dem Gestüt Kirow.

Auf den Ganschower Weiden.

Zusätzlich zur Zucht auf Trakehner Basis wurde eine Mecklenburger Mutterstutenherde unterhalten, die in ihren stärksten Zeiten ebenfalls 85 Stuten umfasste. Für beide Rassen standen außerdem Englische Vollblüter sowie der Anglo-Araber „Monsun" zur Verfügung. Außerdem deckten in Ganschow die Hengste „Adriano", „Diethelm", „Duell II", „Jupiter II", „Janos", „Alarm", „Altan", „Vers" und „Fabulist".

Lag in den ersten Jahren die Gewichtung auf der Mecklenburger Stutenherde, wurde ihr Bestand zeitweise zurückgefahren. Analog dazu wurde der Anteil der Trakehner Stuten gesteigert. Zum Ende der achtziger Jahre kehrte sich die Situation um, und es wurden wieder mehr Mecklenburger als Trakehner Stuten gehalten. Der jährliche Durchschnittsbestand beider Herden belief sich auf rund 150 Stuten. Aus der eigenen Zucht wurden pro Jahr rund 110 Fohlen aufgezogen. Zusätzlich erfolgte ein Ankauf von bis zu 40 Hengstanwärtern pro Jahrgang. Bis Mitte der sechziger Jahre wurde die edle Warmblutzucht in Ganschow nur als Vermehrungszucht betrieben. Erst 1969 ging man dazu über, Qualitätsstuten zu züchten und Hengste für die Landespferdezucht aufzuziehen und zur Körung vorzustellen. Bis zur Wende kamen insgesamt 116 gekörte Mecklenburger Hengste und 63 gekörte Hengste ostpreußischer Abstammung aus der Zucht bzw. Aufzucht des Gestütes Ganschow. Es wurden im gleichen Zeitraum 102 Staatsprämienstuten mecklenburgischer sowie 82 ostpreußischer Abstammung gestellt. Auf den Siegerschauen der DDR stellte Ganschow viermal die Siegerstute bei den Pferden Trakehner Abstammung und fünfmal die Siegerin bei den Mecklenburgern.

Ab 1974 fand die gesamte Lehrlingsausbildung nicht mehr in Redefin, sondern nur noch in Ganschow statt. Schließlich wurde das Volkseigene Gestüt Lehrausbildungszentrum für Facharbeiter für Pferdezucht und Leistungsprüfung - so wurden in der DDR die Pferdewirte genannt.

Im Jahre 1995 wurde Ganschow privatisiert. Der ehemalige Produktionsleiter Friedhelm Mencke übernahm das Gestüt, das er seitdem mit Beteiligung des ehemaligen Präsidenten des Pferdezuchtverbandes Mecklenburg-Vorpommern, Jürgen Harnack, führt. Nach wie vor spielt die Zucht des Trakehner Pferdes in Ganschow eine große Rolle.

Eine beachtenswerte Leistung, sowohl im Sport als auch in der Zucht, erbringt derzeit der Hengst „Lamarc". Er ist ausgebildet in der Dressur bis zur Klasse S. Als Vererber machte er zum Beispiel als Vater des Redefinder Landbeschälers „Labello" aus sich aufmerksam. Ein anderes Erfolgsprodukt der Ganschower Zucht ist der Junghengst „Graf Lindenau", der kürzlich in die USA verkauft wurde. Traditionsgemäß werden in Ganschow neben den Trakehnern auch Mecklenburger Stuten gehalten. Allgemein ist die Zucht auf die Erzeugung von Sportpferden ausgerichtet. Eine besondere Nische konnte mit der Erzeugung und Ausbildung von qualitätvollen Fahrpferden gefunden werden.

Die Gestütsanlage in Redefin heute. Oben rechts die neue Reithalle hinter dem historischen Portal.

Die Allee zum Landgestüt.

Das Landgestüt: Gebäude und Einrichtungen

Das Landgestüt Redefin liegt rund 20 Kilometer westlich von Ludwigslust und 36 Kilometer östlich von Boizenburg. Die Gesamtanlage des Gestüts ist im klassizistischen Schinkel-Stil errichtet und stellt heute ein einmaliges Gesamtkunstwerk dar.

Redefin gehörte nicht zur Preußischen Gestütsverwaltung, wie zum Beispiel das Landgestüt in Celle, weil Mecklenburg eben kein Land des

Dem Eingangstor gegenüber liegt die Reithalle.
Die Anlage im Schinkel-Stil ist zu einem Besuchermagnet geworden.

Das Landstallmeisterhaus wurde im Stil eines Herrenhauses erbaut.

Im Hengststall II

Preußischen Staatenbundes war. Dennoch unterschied sich die Institution weder in der Organisation noch in den Aufgaben von denen in Preußen.

Das Landgestüt Mecklenburg-Vorpommern ist umgeben von einem weiten Wiesengelände. Eine alte und für dieses Land typische Allee führt zum großzügig angelegten Gestütshof, der sich um zwei weite Rasenflächen, deren vordere durch die Pferdeschwemme durchbrochen ist, gliedert. Um den Rasen herum führt eine breite Sandbahn, auf der die Hengste bewegt werden können. Dem Eingangstor gegenüber liegt die Reithalle, die hinter dem alten Portal 1998/99 neu aufgebaut wurde. Links vom Eingangstor befindet sich das Landstallmeisterhaus, das die Gestalt eines Herrenhauses besitzt. Ihm gegenüber liegt der ehemalige Stutenstall, der heute Junghengste der Hengstleistungsprüfungsanstalt sowie Pferde der Fahr- und Reitschule beherbergt. In Höhe der Pferdeschwemme befindet sich links das alte Inspektorenhaus, in dem zu DDR-Zeiten die Gaststätte „Falkenhayn" untergebracht war. Rechts von der Schwemme liegt das Haus des damaligen Gestütrossarztes. Vor der Reithalle befinden sich Stall I (links) und Stall II (rechts). Dies sind die beiden Gebäude für die Landbeschäler. Im Anschluss an Stall I wurde in Stall IV die neu eingerichtete Besamungsstation untergebracht. Hinter Stall II wurde das neue Gästehaus eingerichtet. Die Rasenfläche vor der Reithalle war der frühere Hengstparadeplatz. Links von der Reithalle befand sich früher der ehemalige Füllenlaufstall. Der einfache Rundbau aus Holz

Im Hengststall II

Vor der Schmiede. Für das Mauerwerk wurde Raseneisenstein, auch Klump genannt, verwendet.

musste in jüngster Zeit wegen Baufälligkeit abgerissen werden.

Rechts hinter dem Gebäudeensemble schließt der Wirtschaftshof an. Hier befinden sich Schmiede, Wagenschauer, eine Werkstatt mit der Sattlerei, eine Wirtschaftshalle und eine weitere Reithalle. Der ehemalige Kranken- bzw. Quarantänestall liegt ein wenig außerhalb, ebenfalls zur rechten Hand. Der neue Hengstparadeplatz grenzt an den Wirtschaftshof und befindet sich rechts von der neuen Reithalle. Vor dem Eingangstor zum Gestütsgelände, ebenfalls rechts, liegt das Haus des Futtermeisters sowie zur linken und zur rechten diverse Wohnungen und Häuser für die Angestellten.

Mit der Entstehungsgeschichte Redefins sind zwei Namen eng verbunden: Vollrath Joachim von Bülow und Carl Heinrich Wünsch. Beide standen seit 1809 im Dienste des mecklenburgischen Herzogs. Von Bülow fungierte als Oberstallmeister und betrieb mit Unterstützung seines Landesherrn die Pachtrückgabe des im Jahre 1795 aufgegebenen Landgestüts. Die alten, aus dem 18. Jahrhundert stammenden Bauten waren für die Zwecke einer florierenden Landespferdezucht nicht mehr ausreichend. So forderte er die Errichtung von „mindestens zwei Hengstställen und ein Reithaus". Mit der Ausarbeitung der Pläne wurde Carl Heinrich Wünsch, der Oberlandbaumeister, beauftragt. Die vermutlich ersten Material- und Kostenvoranschläge sind datiert auf Juli 1819. Diese wurden vom Großherzog mit der Direktive, den Bau „ohne Aufschub zu beginnen und binnen zwei Jahren ausführen zu lassen", bestätigt. In den Akten finden sich eine Reihe von Kammeranweisungen zur Lieferung von Materialien und zur Übernahme von Leistungen. Mit Datum vom 20. April 1820 schrieb Wünsch an von Bülow, dass er einen neuen Plan vorlegen werde. Da dieser Plan nicht teurer sei und sogar Material spare, bitte er um allerhöchste Genehmigung, die bereits vier Tage später durch den Großherzog erfolgte. Mit den Bauarbeiten wurde unverzüglich begonnen, so dass Hengstställe und Reithaus, bis auf die Kolonnaden, wie sie im Plan von Wünsch ursprünglich vorgesehen waren, bereits 1823 fertiggestellt werden konnten. Restleistungen nahm man in den Folgejahren vor. Im Jahre 1828 wurde eine Schlussrechnung erstellt, aus der hervorgeht, dass zum Beispiel der Bau des Reithauses 5.222 Taler und 14 Groschen gekostet hat.

Die gärtnerischen Anlagen schuf Oberstallmeister von Bülow gemeinsam mit Garteninspektor Schmidt. Der Park des Landgestüts wurde nach Vorbild eines englischen Landschaftsgartens angelegt.

Mit den noch fehlenden Kolonnaden der Gebäude beschäftigte sich Wünsch, der inzwischen berufenes Mitglied des Kammer-Kollegiums für alle Bauangelegenheiten geworden war, noch einmal im Jahre 1839. Sein Amtsnachfolger, Oberbaurat Demmler, regte jedoch an, diese zu Gunsten der Finanzierung des Baus einer Kirche im Dorf Redefin entfallen zu lassen. Dem Vorschlag Demmlers wurde schließlich stattgegeben.

Die neue „alte" Reithalle

Normalerweise steht in der Architektur der Mensch mit seinen Funktionsräumen im Mittelpunkt. Anders sah es Baumeister Carl Heinrich Wünsch. Er stellte das Pferd, seine Aufstallung und seinen „Arbeitsraum", die Reithalle, in den Mittelpunkt seines Entwurfes. Die Reithalle ist - gestern wie heute - Blickfang und Abschluss der gesamten Gestütsanlage. Ihr historisches Portal wurde nicht nur zum Wahrzeichen des Landge-

In der neu erbauten Reithalle finden nicht nur pferdesportliche Veranstaltungen statt.

Das historische Portal blieb nach dem Abriss des alten Reithauses verwaist zurück.

stüts, sondern auch das des gesamten Ortes Redefin sowie der Pferdezucht in ganz Mecklenburg-Vorpommern.

Ursprünglich war vorgesehen, das Reithaus, wie man damals sagte, traufseitig an das südliche Ende des Gestütshofes zu stellen. Da damit aber die damals üblichen Maße für eine Reitbahn nicht erreicht werden konnten, wurde das Gebäude giebelseitig zum Hof gestellt. Der Giebel wurde als Schauportal gestaltet. Das ursprüngliche Reithaus hatte die exakten Außenmaße von 35,71 Meter mal 19,64 Meter. Die Traufhöhe betrug 4,83 Meter und die Firsthöhe 13,18 Meter. Die gesamte Reitfläche war auf 500 Quadratmeter ausgelegt. Die Wände der alten Reithalle waren aus Mauerwerk, welches außen und innen verputzt war. Die Bedachung bestand aus Schieferplatten. Das Dach wies eine lokale Besonderheit auf, da es als Bohlenbinderkonstruktion angelegt war, die ursprünglich im 16. Jahrhundert in Frankreich entwickelt wurde. Für diese Dachkonstruktion sind die parabolisch gekrümmten Dachflächen typisch. Sie entstehen, weil für die Sparren keine geraden Hölzer verwendet werden, sondern hochkant gestellte, leicht gekrümmte Bohlen. Der Holzverbrauch eines Bohlenbinderdaches ist um mindestens ein Drittel niedriger als bei Dachkonstruktionen aus Vollholz. Weiterer Vorteil: der Bodenraum ist stützenfrei.

Das alte Reithaus mit seinem Bohlenbinderdach steht heute nicht mehr in Redefin. Der Zahn der Zeit hatte seine Spuren hinterlassen. Zwar wurden im Jahre 1958 umfangreichere Instandhaltungsarbeiten am Dach vorgenommen. Doch damit allein war es nicht getan. Aus Gestütsakten geht hervor, dass kleinere Renovierungsarbeiten auch in der Folgezeit durchgeführt wurden. Allerdings litt alles unter einer allgemeinen „DDR-Krankheit“: entweder konnten die Arbeiten nicht sach- und fachgerecht ausgeführt werden oder sie waren finanziell nicht abgesichert und fanden dadurch überhaupt nicht statt. Schließlich musste das Reithaus im Juli 1976 von der Staatlichen Bauaufsicht wegen größerer Bauschäden gesperrt werden. Nach langem Abwägen und nach Einholung diverser Gutachten und Genehmigungen durch die Denkmalschutzbehörden wurde zehn Jahre später die Reithalle wegen Baufälligkeit abgerissen. Man hoffte, bald eine neue Halle errichten zu können – stattdessen blieb das Portal verwaist und funktionslos zurück. Für das Landgestüt war der Abriss des Reithauses ein ziemlicher Verlust, zum einen fehlte es bei der Arbeit mit dem Pferd, zum anderen entstand an exponierter Stelle eine Lücke im historischen Bauensemble.

Nach der Wende wurde das Landgestüt, genau wie alle anderen zentralgeleiteten Betriebe auch, der Treuhandanstalt unterstellt. Während dieser drei Jahre konnten nur die wichtigsten Notreparaturen durchgeführt werden. Erst nach Übernahme des Landgestüts durch das Land Mecklenburg-Vorpommern wurden Mittel für eine Sanierung des Portals und schließlich für den Neubau einer Reithalle, die allen modernen Anforderungen entsprach, bereitgestellt. Anfang August 1999 fand die feierliche Einweihung der neuen Reithalle statt. Damit hatte das historische Reithallenportal die „rückhaltlose“ Zeit überstanden. Durch das neue Gebäude soll eine zusätzliche Wirtschaftlichkeit des Landgestüts erzielt werden. Die Halle wird für Körungen im Mecklenburger Zuchtge-

Enthüllung der Ehrentafel anlässlich der Reithallen-Einweihung 1999. Unter den Anwesenden zwei maßgebliche Förderinnen des Landgestüts.

Freibier für die Gäste der Einweihungsfeier

Die neue Reithalle bietet Platz für gut 2.000 Personen. Hier umgestaltet zur Konzerthalle.

biet genutzt sowie für diverse Absatz-, Zucht- und Sportveranstaltungen. Auch der Reit- und Fahrschule, einem weiteren Aktivposten der Landeseinrichtung Redefin, kommt sie zugute.

Mit wenig Aufwand kann ein transportabler Belag auf die Reitbahn aufgebracht werden. Dadurch können zusätzlich Veranstaltungen kultureller und gesellschaftlicher Art, wie zum Beispiel Konzerte, durchgeführt werden. Die neue Halle verfügt über jeweils 1.000 Sitz- und Stehplätze, die Reitbahn misst 20 mal 65 Meter. Insgesamt wurde der Landesbetrieb Redefin mit bisher zehn Millionen Mark vom Land gefördert. Diese Zahl nannte der Landwirtschaftsminister des Landes Mecklenburg-Vorpommerns anlässlich der Einweihungsfeier der Reithalle. Ein Großteil des Geldes floss in die Rekonstruktion, die Renovierung und Sanierung des Betriebes und seiner Gebäudekomplexe. Der Neubau der Reithalle wurde allein auf rund 3,6 Millionen Mark veranschlagt.

Die Sanierung des historischen Portals schlug mit rund 670.000 Mark zu Buche. Ein Großteil der Summe konnte durch Spenden finanziert werden. Genannt seien hier Gelder der Deutschen Bundesstiftung Umwelt, des Förderkreises Landgestüt Redefin e. V., der Deutschen Stiftung Denkmalschutz sowie der Ostdeutschen Sparkassen Stiftung.

Insgesamt geht das neue Reithallengebäude eine optisch gelungene Verbindung zwischen neu und alt, historisch und modern ein. Es bedurfte architektonischen Fingerspitzengefühls, um den Neubau an das klassizistische Portal anzugliedern, bei gleichzeitiger Erfüllung sämtlicher funktioneller Vorgaben und Berücksichtigung der Belange des Denkmalschutzes. Der Spagat wurde erfolgreich umgesetzt. Nunmehr zeigt das historische Gebäudeensemble wieder ein geschlossenes Bild.

Das Inspektorenhaus

Das ehemalige Inspektorenhaus, das, vom Eingangstor aus gesehen, links von der Pferdeschwemme liegt, beherbergte früher die Gestütsverwaltung sowie die Dienstwohnung des Verwaltungsinspektors. Zu DDR-Zeiten war in dem Gebäude die Gaststätte „Falkenhayn“ untergebracht, die ihren Namen einem Redefiner Landbeschäler verdankte. Der Hengst „Falkenhayn“, war nach einem General von Falkenhayn benannt – ein Umstand, der wohl bei der Namensgebung des DDR-Clubhauses übersehen worden war. Der Hengst entstammte dem hannoverschen Zuchtgebiet (Jahrgang 1941) und war durch das Landgestüt Redefin angekauft worden. Bevor die Engländer am 1. Juli 1945 Mecklenburg-Vorpommern vertragsgemäß den sowjetischen Truppen übergaben, erließen sie den Befehl, in Redefin verbliebene Landbeschäler in den Westen abzutransportieren. Unter ihnen befand sich auch der Hengst „Falkenhayn“. Bei der Verladung auf dem Bahnhof Pritzier soll sich

Die Pferdeschwemme – im Hintergrund das Haus des Verwaltungsinspektors.

„Falkenhayn“ plötzlich losgerissen haben. Der Hengst sei schnurstracks ins Landgestüt zurück galoppiert. Dort sei er von Gestütswärtern in sichere Obhut genommen worden – so jedenfalls erzählt man sich in Redefin. Unbestritten ist, dass „Falkenhayn“ bis 1955 in Redefiner Diensten stand. Er hinterließ 53 eingetragene Töchter, leider jedoch keine Söhne. Dies ist insofern bedauerlich, als er dem damals gewünschten Sporttyp entsprach.

Noch heute spricht man in Redefin „vom Falkenhayn“, wenn vom Inspektorenhaus die Rede ist. Das Gebäude ist inzwischen komplett saniert. Plänen zufolge soll es künftig eine Kleiderkammer, das Archiv, eine Wohnung und vielleicht auch ein kleines Museum beherbergen.

Das Gästehaus der Reit- und Fahrschule.

Die Reit- und Fahrschule

Die Weltwirtschaftskrise 1929 hatte starke Auswirkungen auf Mecklenburg. Zahlreiche Güter und Höfe waren hoch verschuldet und standen vor einer Zwangsversteigerung. Aufgrund der wirtschaftlichen Not waren die Bedeckungszahlen im Landgestüt bis zu 75 Prozent gesunken. Die Gründung einer Reit- und Fahrschule für die Ausbildung der ländlichen Jugend fällt sicherlich nicht von ungefähr in dieses Jahr. Zum einen sollte eine zusätzliche Einnahmequelle erschlossen werden, zum anderen waren, bedingt durch die dramatisch gesunkenen Bedeckungszahlen, Kapazitäten an Personal und Pferden frei, die anderweitig genutzt werden mussten, wenn die Institution weiterhin Bestand haben wollte. Mit Berufung des damaligen Geschäftsführers und Chefreitlehrers der Mecklenburger Reitvereine, Hans Köhler, zum Redefiner Landstallmeister im Jahre 1933, kam es zu einer weiteren Intensivierung der Verbindung zwischen Pferdezucht und Reiterei. Während der Marstallzeit, das ist die Zeit, in der sich die Hengste im Landgestüt und nicht auf der

Obersattelmeister Michael Thieme erklärt Lehrgangsteilnehmern die Hilfengebung.

Hauptsattelmeister Rolf Günther mit Schülern der Reit- und Fahrschule.

Fahrkurse erfreuen sich einer großen Beliebtheit im Landgestüt.

Deckstation befinden, standen die Gestütsbeamten als Ausbilder und die Hengste als Schulpferde der vorwiegend ländlichen Jugend für Lehrgänge zur Verfügung.

Nach einigen Unterbrechungen wurde auch in der DDR in Redefin ein Reitschulstall unterhalten, der sich allerdings vorwiegend mit der Reittouristik beschäftigte. Im Wechsel von meist zwei Wochen reisten die Gäste an. Seit 1972 standen Bungalow-Unterkünfte für 44 Personen zur Verfügung. Für Unterrichtszwecke wurden durchschnittlich 25 Pferde pro Jahr eingesetzt. Die Zahl der Urlauber stieg kontinuierlich an. Verbrachten 1969 noch 206 Personen die schönsten Wochen des Jahres auf den Rücken der Pferde, waren es 1987 schon 1.250. Die Reitstunde kostete damals 7,50 Mark.

Mit der Neustrukturierung des Landgestüts nach der Wende kam es 1990 auch zur Neugründung der Reit- und Fahrschule, die von der Deutschen Reiterlichen Vereinigung als Dachorganisation als Fachschule für Reiten und Fahren anerkannt ist. Seit 1993 ist die Reit- und Fahrschule als Landes-Leistungszentrum vom Landesverband Mecklenburg-Vorpommern für Reiten, Fahren und Voltigieren anerkannt. Für den Unterricht stehen qualifizierte Ausbilder sowohl im Springen und in der Dressur als auch im Fahrsport zur Verfügung. Die Schulpferde bzw. die für Schulzwecke eingesetzten Hengste sind gut ausgebildet. Das Spektrum des Lehrgangsangebotes reicht vom Deutschen Reit- bzw. Fahrabzeichen über Ausbilderlehrgänge zum Berittführer, Reit- und Fahrwart sowie zum Amateurreitlehrer bis hin zu speziellen Dressur- und Springlehrgängen.

Der Lehrgangstag beginnt um 6 Uhr mit dem Morgenstalldienst. Nach der Frühstückspause wird ab 8.30 Uhr geritten bzw. gefahren oder es findet theoretischer Unterricht statt. Das gleiche

Fortbildungen in der Reit- und Fahrschule.

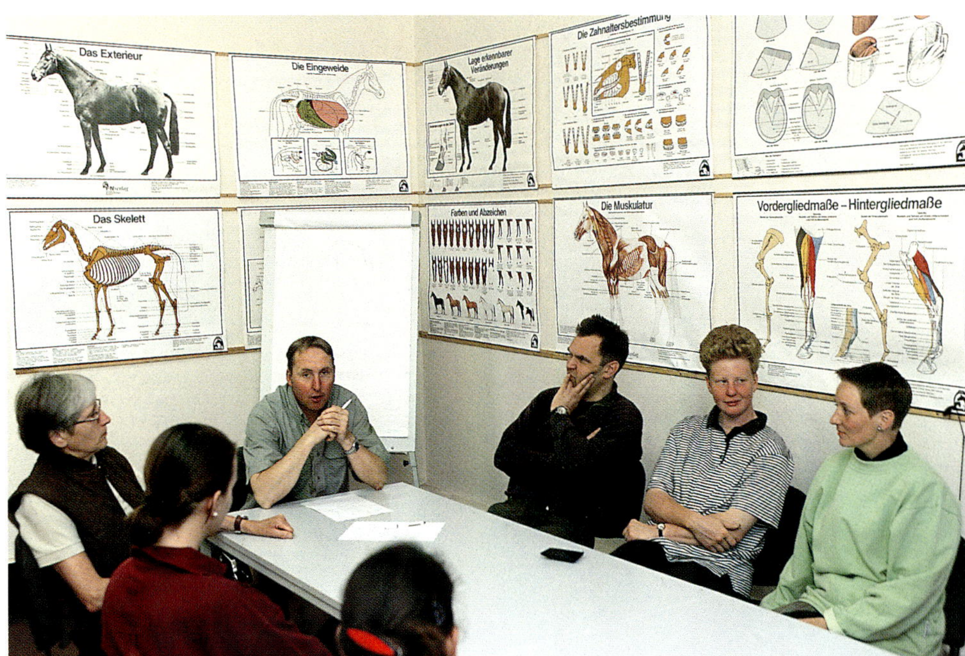

Bei der Prüfung zum Deutschen Fahrabzeichen.

Programm wiederholt sich am Nachmittag zwischen 14 und 16 Uhr. Nach dem Füttern endet der Ausbildungstag gegen 16.30 Uhr. Die Lehrgangsgebühren sind relativ günstig. Für Teilnehmer besteht die Möglichkeit der Unterbringung inklusive Frühstück auf dem Gestütsgelände.

Als überbetriebliche Ausbildungsstätte hat die Landes-Reit- und Fahrschule die Aufgabe, spezielle Schulungen (Reiten, Fahren, Deckstation, künstliche Besamung) für angehende Pferdewirte durchzuführen. Ein weiterer Schwerpunkt bildet die Ausbildung von eigenen Auszubildenden für den Beruf des Pferdewirts sowie die Durchführung von zusätzlichen Qualifikations-Lehrgängen für Bereiter.

Die baulichen Anlagen der Reit- und Fahrschule wurden zwischen 1997 und 2000 komplett saniert. Eine Besonderheit am Mauerwerk, nicht nur des Gästehauses der Reit- und Fahrschule, sondern auch einiger anderer Gebäude, wie zum Beispiel der Schmiede, stellt die Verwendung von Raseneisenstein dar. Dieses Material ist auch unter dem Namen Klump bekannt und wurde in der Gegend um Redefin, der sogenannten Griesen Gegend, abgebaut.

Die Hofschule

Redefin verfügte im 19. Jahrhundert über zwei Schulen, dies war zum einen die Dorfschule und zum anderen die so genannte Hofschule. Die Ursache für dieses „Übermaß“ an Schulen ist darin zu sehen, dass im Dorf Redefin ein „Schulze“, also ein Bürgermeister, die Macht ausübte, im Landgestüt Redefin regierte jedoch der Großherzog, vertreten durch seinen Oberlandstallmeister. Laut Schulakte wurde die Hofschule bereits 1830 gebaut. Sie diente dazu, den Kindern der großherzoglichen Gestütsangestellten Unterricht zu erteilen. Hiervon ausgenommen waren lediglich Kinder des Oberbereiters, des Rossarztes und von Eltern, die nachweisen konnten, dass sie den Unterricht ihrer Kinder selbst vornehmen bzw. sich einen Hauslehrer leisten konnten. Die Aufsicht über die Hofschule lag in den Händen der Hofschulbehörde. Diese bestand aus der Direktion des Großherzoglichen Landgestüts und dem Ortsprediger. Im Jahre 1834 wurde eine erste Schulordnung für die Hofschule herausgegeben.

Die Dorfschule des Ortes Redefin hingegen wurde 1845 erbaut. Hier erhielten die Kinder des Dorfes von der ersten bis zur achten Klasse in einem Raum Unterricht. Ein zweites Klassenzimmer konnte 1883 durch einen Anbau geschaffen werden.

1914 schließlich wurde die Schulordnung der Hofschule komplett überarbeitet. „Zum Besuch der Hofschule sind die schulpflichtigen Kinder der Bewohner des Hofes Redefin und der im Dorf Redefin wohnenden Angestellten des Großherzoglichen Landgestüts, mit Ausnahme der zur Schule im Dorf Redefin gehörenden Kinder der Tagelöhner und Deputatisten des Hofes Redefin, verpflichtet. Die dem Hofschulbezirk Angehörenden haben das Recht, die Kinder sonstiger Familienmitglieder und ihrer Hausgenossen in die Hofschule zu schicken. Mit Genehmigung der Hofschulbehörde können auch Kinder der Tagelöhner und Deputatisten von Hof Redefin und Kinder auswärtiger Eltern Aufnahme finden, wenn und soweit es der Klassenraum zulässt. Kinder, welche schon eine andere Schule besucht haben, werden vom Lehrer geprüft, um zu bestimmen, welcher Abteilung sie zuzuweisen sind.“

Im Jahre 1921 wird die Zusammenlegung der beiden Schulen beschlossen, die ab dann als Schule I und Schule II bezeichnet wurden. 1959 kam es zur Gründung des Oberschulbereiches Redefin. Dieser umfasste zusätzlich die Orte Groß-Krams, Belsch und Ramm. 1982 besuchten Schüler ab der fünften Klasse die neuerrichtete Zentralschule in Picher. Der Oberschulbereich Redefin wurde aufgelöst. Seither gibt es in Redefin nur noch eine Teilschule mit Grundschulklassen. Der Unterricht findet in der ehemaligen Dorfschule statt. Die Hofschule wurde noch bis in die neunziger Jahre hinein für Werk- und Schulgartenunterricht genutzt.

„Aswin", ein Hengst, der den so genannten Erhaltertyp verkörperte.

Das Zuchtziel nach 1945 forderte Pferde, die knapp im Rahmen standen, weil dies für eine gute Futterverwertung spricht. Das Foto zeigt den Hengst „Reingold".

Hengste und ihre Linien

Die Pferdezucht unterlag zu allen Zeiten wirtschaftlichen Einflüssen, die auch das Zuchtziel bestimmten. Zum Beispiel prägten in der Zeit zwischen 1945 und 1955 maßgeblich Hengste das Mecklenburger Zuchtgeschehen, die sehr deutlich im Wirtschaftstyp standen. Gefordert war ein Pferd, das vornehmlich in der Landwirtschaft eingesetzt werden konnte, jedoch auch gleichzeitig ein guter Futterverwerter war. In den ersten Jahren nach dem zweiten Weltkrieg war Kraftfutter knapp. Es war kaum genug Getreide vorhanden, um die Bevölkerung ausreichend zu ernähren, von den Nutztieren ganz zu schweigen. Also richtete man ein Augenmerk auf gute Futterverwerter, die weitgehend mit selbsterzeugtem Futter zurechtkommen konnten. Dies galt übrigens nicht nur für die Pferdezucht, sondern zum Beispiel auch für Rinder. Die Zuchttiere mussten knapp im Rahmen stehen, weil dies für eine gute Futterverwertung spricht. Gefragt waren sogenannte Erhaltertypen. Vollblutanteile waren nicht gern gesehen. Typische Hengste dieser Zeit waren „Aswin", „Fliegenpilz", „Amtsrat", „Angler" oder „Reingold". Bereits in den fünfziger Jahren zeichnete sich immer deutlicher ab, dass Pferde in der Landwirtschaft eine zunehmend geringere Rolle einnehmen würden. Das Zuchtziel richtete sich insofern darauf ein, als zwar immer noch ein genügend starkes Warmblutpferd gefordert wurde, jedoch wurde zusätzlich eine Eignung für den Turniersport verlangt. Die ideale Größe dieses Pferdes sollte ein Stockmaß zwischen 1,58 und 1,62 Meter betragen. Im Jahre 1957 wurden im Landgestüt Redefin 175 Hengste zur Zucht eingesetzt, davon gingen 111 auf hannoversche Zuchtlinien zurück, 57 waren sogar Original-Hannoveraner. Im wesentlichen prägten zu der Zeit drei Hauptlinien die Zucht. Dies waren, analog zur hannoverschen Pferdezucht, „Flingarth", „Adeptus" und „Detektiv".

Die „Flingarth"-Linie

Die Linie des braunen Hengstes „Flingarth", geboren 1906 im hannoverschen Zuchtgebiet, lässt sich zurückverfolgen auf den in Pommern geborenen „Zernebog", der als einer der Stammväter der hannoverschen Zucht angesehen werden muss. Dieser Linie entstammten zum Beispiel die beiden bereits erwähnten Hengste „Flimmerstahl" und „Falkenhayn". Nicht minder wichtig für die Mecklenburger Zucht der Nachkriegsjahre war der Hengst „Flügel". Er gehörte zu jenen Junghengsten, die 1943 zur Aufzucht

Der in Pommern geborene „Zernebog" war Begründer der „Flingarth"-Linie.

Ein Sohn des „Flimmerstahl" im starken, tiefen und breiten Wirtschaftstyp.

von Hannover nach Mecklenburg gebracht wurden und aufgrund der Kriegswirren bzw. der politischen Situation nicht mehr zurückgegeben werden konnten. „Flügel" war ein sehr kompakter Hengst, mit kräftiger Halsung und starker Schulter, der sehr dem Wirtschaftstyp entsprach. Er deckte zwischen 1946 und 1956 und hinterließ zwölf gekörte Söhne und 68 in das Stutbuch eingetragene Töchter. Besonders in der Anpaarung mit Nachkommen des aus der gleichen Linie stammenden Hengstes „Flimmerstahl" gab es einen besonderen Passer-Effekt. Ein anderer Hengst dieser Linie, der ebenfalls in Mecklenburg verblieb, war der Hannoveraner „Fernseher" (Jahrgang 1944). Er deckte von 1947 bis 1960 ausschließlich auf der Deckstelle Dargun und lieferte fünf gekörte Söhne und 68 in das Stutbuch eingetragene Töchter. Seinen Nachkommen sagte man einen guten Charakter und Nervenstärke nach. Der nächste Hengst, der nach dem Zweiten Weltkrieg sozusagen in Mecklenburg gestrandet war, war der Hannoveraner „Fehmarn". Seine Beschälerkarriere dauerte von 1946 bis 1962. Er soll im Wirtschaftspferdetyp gestanden haben und hinterließ sechs gekörte Söhne und 90 eingetragene Töchter.

Die traditionsreiche F-Linie ist heute im Landgestüt Redefin über den Hengst „Methusalem", der auf der mütterlichen Seite über die Stute „Flicka II" von „Flimmerglanz II" das F-Blut führt, vertreten. Im männlichen Stamm wird die Linie von den Hengsten „Wellenreiter", der über „Ferdinand" ebenfalls das F-Blut führt und den beiden „Weltmeyer"-Söhnen „Wenckstern" und „Weltfriede" fortgesetzt. Die im hannoverschen Zuchtgebiet so erfolgreiche W-Linie, der unter anderem der Hengst „Weltmeyer" entstammt, geht über „Flügeladjutant" ebenfalls auf „Flingarth" zurück. Damit stehen den heutigen Züchtern interessante Hengste im Redefiner Landgestüt zur Verfügung, die besten Blutanschluss bieten.

Die „Adeptus xx"-Linie

Ein Hengst, der nicht nur in Mecklenburg, sondern auch in Hannover mit seinen Nachkommen Zuchtgeschichte schrieb, war der 1880 im Gestüt Herrenhausen geborene Vollblüter „Adeptus", ein Fuchs, den Zeitzeugen als „von seltener Schönheit" beschreiben. Hans Joachim Köhler schrieb über ihn: „Neben der Lieferung zahlreicher Remonten brachte es ‚Adeptus' zu einer auf über ein Jahrhundert bestehenden, lange Zeit maßgeblichen Hengstlinie von großer Vitalität. In seiner Vererbung trug er wesentlich dazu bei, den Typ wieder ausdrucksvoller zu machen." Bereits in der Vorkriegszeit ging eine Vielzahl an Redefiner Hengsten auf diesen Vollblüter zurück, zum Beispiel „Adlerflug", „Alabas", „Aladar", „Alarich", „Alarm", „Albatross", „Albert", „Aldamus", „Alderson", „Allegro", „Allerweltskerl", „Allost", „Alp", „Alpensportler", „Alsterfalk", „Alsterfeld", „Alsterstern", „Alstervogel", „Alt-

Der „Adeptus xx"-Sohn „Alnok" – er vererbte gern die Fuchsfarbe.

Der Schimmel „Labello" führt auf der mütterlichen Seite das „Adeptus"-Blut.

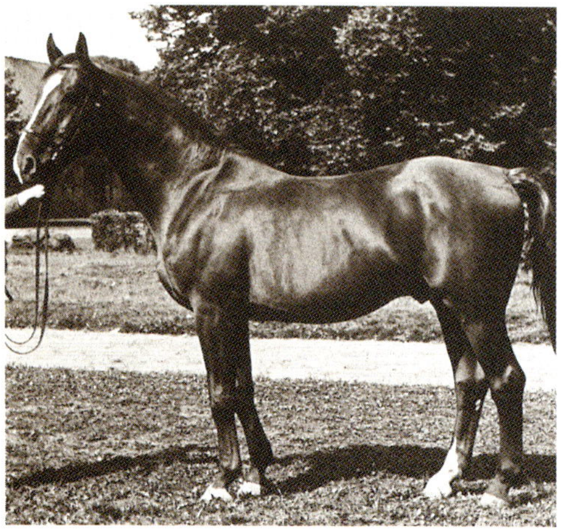

„Abendstern" wurde 1944 zweijährig im hannoverschen Zuchtgebiet angekauft.

deutscher", „Alter", „Alterno", „Alter Sohn", „Altgold", „Altmärker", „Amman", „Angreifer", „Anschläger", „Arnfried", „Arno" und „Athanarich". Allein diese respektable Anzahl, die sich noch um etliche Hengste erweitern ließe, macht deutlich, welchen Einfluss die „Adeptus"-Linie auf die Pferdezucht in Mecklenburg hatte. Unter den Nachkommen dieses Hengstes befanden sich überdurchschnittlich viele Füchse. Nach dem Krieg wurde die Linie fortgesetzt zum Beispiel durch „Assing III", der, zunächst noch in Celler Diensten, im Amt Neuhaus eingesetzt wurde und dann aufgrund der Kriegsauswirkungen sozusagen ins Landgestüt Redefin wechselte.

Interessante Nachkommen lieferte der Hengst „Abendstern", der 1944 zweijährig vom Landgestüt im hannoverschen Zuchtgebiet angekauft wurde. Er lieferte sechs gekörte Hengste und 89 eingetragene Stuten. Seine Nachzucht zeichnete sich vornehmlich dadurch aus, dass sie groß im Rahmen stand. Viele seiner Kinder und Enkel machten als Sportpferde Karriere. In den Zuchten Hannovers und Mecklenburgs kombinierte man damals gern die A-Linie (also „Adeptus") mit der F-Linie („Flingarth"). Auch „Abendstern" führte über seine Mutter das F-Blut. Das gleiche traf auf den Hengst „Arrest" zu. Dieser wurde 1944 in Hannover geboren und in Voigtsdorf aufgezogen. Da er Mängel im Typ aufwies, stand er viele Jahre etwas im Hintergrund. Erst durch seine Söhne „Anilin I" und „Attila" konnte er auf sich aufmerksam machen. Seine Bilanz: sechs gekörte Söhne, 43 eingetragene Töchter.

Eine ebenfalls klassische Verpaarung, sowohl in Mecklenburg als auch in Hannover, war die Kombination des A-Blutes mit der D-Linie, die ursprünglich die dritte Hauptlinie darstellte. Ein Beispiel hierfür ist der Hengst „Allershagen". Seine Nachkommen zeichneten sich in der Regel durch eine große Eleganz aus. Der Landbeschäler „Amtsrat" wies die gleiche Linienführung auf. „Amtsrat" selber wird beschrieben als „edel mit sehr viel Gang".

Heute ist das Blut der ehemals so bedeutsamen A-Linie im männlichen Stamm in Mecklenburg erloschen. Allerdings weisen zwei höchst interessant gezogene Hengste das alte A-Blut in der mütterlichen Linie auf. Es sind die beiden Redefiner Landbeschäler „Diskret", der über die Stute „Adeline" von „Adagio" das „Adeptus"-Blut führt, und der Schimmel „Labello", abstammend vom Ganschower Sporthengst „Lamarc" und der Stute „Attika", die mütterlicherseits auf den Hengst „Anilin II" zurückgeht.

„Demzin“ deckte zwischen 1943 und 1960. Man hielt ihn für einen Typverbesserer.

„Dichter“, ein Hengst mit sehr guten Bewegungen.

Die „Detektiv“-Linie

Der Begründer der D-Linie war der 1887 in England geborene Vollblüter „Devil's own“. Sein Blut wurde in erster Linie durch den Celler Landbeschäler „Detektiv“ (Jahrgang 1922) verbreitet. In Redefin deckten in den dreißiger Jahren seine Söhne „Derfflinger“, „Dethloff“ und „Deutschmeister“. Die „Detektiv“-Nachkommen trugen wesentlich zum Übergang zum modernen Sportpferd bei. Von daher kann es nicht verwundern, dass zwischen 1945 und 1960 neun Hengste dieser Linie im Redefiner Landgestüt im Einsatz waren. Darunter zum Beispiel „Dobrock“. Er befand sich zwischen 1945 und 1955 im Deckeinsatz und hinterließ acht gekörte Söhne und 54 eingetragene Stuten. Besonders hervorzuheben ist seine Tochter „Dotterblume“, die dreimal DDR-Siegerstute wurde. Der 1940 geborene Hengst „Demzin“, der von 1943 bis 1960 deckte, wurde als „hochnobel“ beschrieben. Man hielt ihn für einen Typverbesserer. Bei seiner Nachzucht musste man feststellen, dass er diese Hoffnungen nicht immer erfüllen konnte. Elf seiner Söhne wurden gekört, 76 Stuten eingetragen.

Ein edler Beschäler, der sich durch sehr gute Bewegungen auszeichnete, war „Dichter“. Seine Deckzeit war zwischen 1950 und 1960. Besonders seine Töchter, 60 von ihnen wurden eingetragen, bestachen durch Typ und gute Bewegungen. Zwei seiner Söhne wurden gekört. Als einer der wohl besten Vererber dieser Linie muss „Dollarprinz“ angesehen werden. Fast alle seine Kinder waren mit guten Reitpferdeeigenschaften ausgestattet. Seine Bilanz: vier gekörte Söhne, 107 eingetragene Töchter. Einer seiner Söhne erhielt den Namen „Don Juan“, nicht zu verwechseln mit dem Celler Landbeschäler gleichen Namens. Der Redefiner „Don Juan“ trug maßgeblich zur Wandlung zum modernen Sportpferd bei.

Auf der Hannoveraner Körung in Verden wurde 1959 der Junghengst ‚Dornkaat II‘ alias ‚Dornat II‘ angekauft. Die Irritationen, die um den Namen des Hengstes entstanden, beschrieb der damalige Zuchtleiter Jürgen Hellerung, der ihn für den Redefiner Zuchteinsatz auswählte, so: „In Hannover kaufte ich unter mehreren Hengsten die Spitzenvererber ‚Semper‘ und ‚Dornkaat II‘ an. Letzterer löste eine Kettenreaktion in Berlin aus. Nach Meldung der Namen der angekauften Hengste befragte mich der höchste Chef nach dem Zustandekommen des Namens ‚Dornkaat‘. Meine Antwort war, wir hätten mit den Hannoveranern auf den Ankauf der Hengste einen oder auch mehrere Schnäpse mit dem Namen Doornkaat getrunken und dabei den Hengst auf diesen Namen getauft.

Der Hengst „Dornkaat“ alias „Dornat“. Sein Name sorgte für Wirbel.

Ein erfolgreiches Paar: unter Obersattelmeister Michael Thieme wurde „D'Olympic" von „Donnerhall" Vizeweltmeister bei den sechsjährigen Dressurpferden in Arnheim 2000 und 2001 Landesmeister in der Dressur in Mecklenburg-Vorpommern.

Auf meine Frage, woher denn der hohe Chef den Doornkaat mit zwei ‚O' kenne, war das Maß voll. So wurde aus ‚Dornkaat' – ‚Dornat'."

Das D-Blut ist heute im Landgestüt über vier Leistungshengste vertreten und ist aktueller denn je. Es handelt sich dabei um die Hengste „Diskret", „Duralin II", „Duros" und „D'Olympic". Letzterer stammt ab vom Oldenburger Ausnahmehengst „Donnerhall" und wird, neben dem züchterischen Einsatz, von seinem ständigen Reiter Michael Thieme in Dressurprüfungen vorgestellt. „D'Olympic", ein charakterstarker Dunkelfuchs, absolvierte in Redefin die Leistungsprüfung als Siegerhengst. Mit seinen sehr guten Grundgangarten avancierte er zum Seriensieger in Dressurprüfungen und qualifizierte sich fünf- und sechsjährig für das Bundeschampionat in Warendorf. Sein bisher größter Erfolg war der Vize-Weltmeistertitel im FEI World Championship, den er im Jahr 2000 in Arnheim errang.

Die „Goldschaum xx"-Linie

Wieder ist es die Verbindung zwischen Mecklenburg und Hannover, die sich für beide Pferdezuchten als besonders fruchtbar erweisen sollte. Ihren Ausgangspunkt nahm die Geschichte im preußischen Hauptgestüt Graditz. Hier wurde 1891 der Englische Vollblüter „Goldschaum", geboren, der als Begründer der G-Linie für eine ganze Armada von hervorragenden Sportpferden sorgte. Aus der Verbindung mit einer Mecklenburger Stute aus dem Gestüt Klenz entstand der Halbbluthengst „Paris", der als Privatbeschäler in seinem Heimatgestüt im Kreis Malchin verblieb. „Paris" wiederum traf 1908 auf die Stute „Schätzchen", die über den Hengst „Schlütter" auf den legendären „Norfolk" zurückging. Als Ergebnis entstand der Hengst „Goldschläger I", der, man ahnt es ja schon, an das Landgestüt Celle verkauft wurde. In Niedersachsen sorgte dieser für eine blühende Hengstlinie. Insbesondere die Hengste „Grande", der seinen Kindern vornehmlich Qualitäten für das große Viereck mitgab, und „Gotthard", der wahre Springwunder erzeugte, sorgten dafür, dass diese alte Linie Sportpferde mit bester Leistungsveranlagung hervorbrachte.

Aus der G-Linie deckten in Redefin bereits in den dreißiger Jahren vier Hengste. Es waren „Gneisenau", „Goldadler", „Goldschlag" und „Gote". Bis in die heutige Zeit hinein konnten sie sich in direkter männlicher Linie jedoch nicht halten. Dennoch ist das G-Blut derzeit sehr umfangreich im Landgestüt Redefin vertreten. Die jetzt eingesetzten Hengste gehen allerdings auf „Gotthard" und „Grande" zurück. Die noch relativ jungen Beschäler „Gloriosus", „Graziano", „Gradient", „Grabenstern" und „Grannenstolz" sollen dafür sorgen, dass die alte G-Linie auch im Mecklenburger Zuchtgebiet wieder zur vollen Blüte erstrahlt. Besonders beliebt ist der Redefiner Landbeschäler „Grabensee". Zuschauer wählten

Bestes Springblut liefert die G-Linie. Hier der Redefiner Landbeschäler „Graziano“.

„Gradient“ von „Gragenit“ und „Kogani II“ vereint das G-Blut mit dem K-Blut. Das verspricht Springen der Extraklasse.

ihn zum „Hengst des Jahres 1996 in Mecklenburg-Vorpommern“. Insbesondere seine sportlichen Erfolge, die er im Springen bis zur schweren Klasse auf zahlreichen Turnieren errang, machten diesen Hengst so populär.

Die „Kingdom xx“-Linie

Eine Linie, die im Hannoverschen Zuchtgebiet längst erloschen ist, lebt dagegen in Mecklenburg weiter und sorgt für Sportpferde, die sich besonders im Springparcours hervortun. Die Rede ist von der K-Linie, die über „King“ auf den Englischen Vollblüter „Kingdom“ zurückgeht. Dieses Blut fand, letztendlich durch die Wirren des zweiten Weltkrieges, Eingang ins Redefiner Landgestüt. Zuchtleiter Jürgen Hellerung berichtete, wie es dazu kam. „Im Zuge der Remontierung des Hengstbestandes wurden erfolgreiche Vererber aus dem Privatbesitz für das Landgestüt angekauft. Darunter fiel auch ein Schimmelhengst mit hannoverschem Brand, aber ohne bekannte Abstammung, deshalb mit ‚T‘ benannt, er hieß ‚Tropfen‘. Bei Kriegsende war er bei einem Neubauern aufgefangen, war dort das einzige Arbeitspferd und diente auch als Reitpferd zum nahen Marktflecken, wo sein Reiter auch der Geselligkeit in fröhlicher Runde nachging. ‚Tropfen‘ verharrte am Ort des Geschehens, bis sein Reiter stark ‚strapaziert‘ in den Sattel gehoben wurde, und ‚Tropfen‘ ohne Aufforderung die cirka acht Kilometer bis zum heimischen Hof zurücklegte. Dort angekommen, stieß er mit dem Vorderhuf an die Haustür und die treusorgende Hausfrau brachte Mann und Ross ins bequeme Nest. Charakter und Ehrlichkeit neben hoher Leistungsbereitschaft waren die besonderen Eigenschaften dieses Hengstes. Eines Tage lernte ich den Domänenpächter Eggers kennen. Schon beim Russeneinmarsch war sein Schimmelhengst requiriert worden. Da er von seinem Hengst, der 1943 gekört war, schwärmte, fiel mir ‚Tropfen‘ ein. Wir sprachen über eine eventuelle Identifizierung, wobei ich betonte, dass es bei der Schimmelfarbe doch etwas schwierig sei. Eggers meinte, dass ein echter Pferdemann auch einen Schimmel nach langer Zeit erkennen müsse, außerdem hätte er eine klei-

„Kornfink" im Dressurviereck. Die meisten Pferde der K-Linie sind jedoch im Springparcours erfolgreich.

ne Narbe am Hals, die aber nur zu fühlen sei. Die Besichtigung ergab, dass es sich um den auf den Namen ‚Körling' getauften Schimmelhengst handelte. Da seine Nachkommen recht gefragte Springpferde waren, wurde er 1955 Landbeschäler in Redefin." Nur dem Hengst „Körling" alias „Tropfen" ist es zu verdanken, dass die wertvolle K-Linie heute noch erhalten ist. Der Hengst deckte bis 1966 im Landgestüt. Seine Schimmelfarbe gab er gern an seine Nachkommen weiter. So auch an seinen Sohn „Komet", der selber im Springsport hochveranlagt war und im Haupt- und Landgestüt Neustadt/Dosse wirkte, wo auch sein Sohn „Kobold I" geboren wurde. Dieser wiederum war Vater des Hengstes „Kolibri", der seinerseits Springpferde in Serie erzeugte und deshalb gern „als Gotthard des Ostens" bezeichnet wird. Im Landgestüt Redefin decken derzeit seine Söhne „Kornfink" und „Kobar".

Im hannoverschen Zuchtgebiet wurde früher gern das K-Blut an Stuten der F-Linie angepaart.

„Blut ist der Saft, der Wunder schafft"

Nach 1960 fand eine deutliche Zäsur in der Zucht Mecklenburgs statt, zum einen bestand sie darin, dass Pferde in der Landwirtschaft kaum noch gebraucht wurden und zum anderen erkannte man, dass sich Pferde „made in Mecklenburg" als Devisenbringer eigneten. Deshalb lag das Augenmerk darauf, ein marktgängiges Pferd zu erzeugen. Dieses Ziel sollte mit der Zufuhr von Spezialblut möglichst schnell erreicht werden, deshalb befanden sich unter den insgesamt 92 Hengsten, die 1969 in Redefiner Diensten standen, 25 Hengste Trakehner Abstammung, vier Englische Vollblüter, ein Arabisches Vollblut und vier Halbbluthengste. Man hielt sich also an den alten Graditzer Grundsatz: „Blut ist der Saft, der Wunder schafft". Als erster Englischer Vollblüter kam der Hengst „Tannenhäher" zum Einsatz in der Mecklenburger Warmblutzucht. Er lieferte 41 eingetragene Töchter sowie vier Halbbluthengste. Der bedeutendste dürfte der Hengst „Tibet" gewesen sein. Zwischen 1970 und 1973 setzte der Vollblüter „Grollus xx", der den Hengst „Carolus xx" zum Vater hatte, den Veredelungsprozess fort. Er brachte 32 eingetragene Töchter, den gekörten Rapphengst „Grund" sowie eine große Anzahl von Springpferden, darunter eines der besten Springpferde der DDR, das unter den Namen „Grolle Dich" auf den Turnierplätzen für Furore sorgte. Insgesamt erzeugte er Pferde von enormer Härte. Das „Carolus xx"-Blut wird heute im Redefiner Landgestüt durch „Ibar xx" fortgeführt. Dieser Hengst geht auf der mütterlichen Seite auf den legendären „Birkhan xx" zurück.

Dem Hengst „Modus xx", der väterlicherseits von „Bernardus xx" abstammte, gelang es, über seine Söhne „Mistral I" und den Anglo-Araber „Monsun" eine kleine, aber feine Hengstlinie zu gründen, die gleichermaßen Zucht und Sport interessante Impulse zu geben vermag. Auf diese

Der Einsatz von Vollblutaraber-Hengsten zur Veredelung hat in Redefin Tradition. Hier „Pamir ox".

Linie gehen im väterlichen Stamm die Redefiner Landbeschäler „Methusalem" und „Mondras" zurück. Außerdem findet sich das Blut auf der mütterlichen Seite bei dem Hengst „Duralin II". In diesem Zusammenhang muss erwähnt werden, dass der Redefiner Veredelungshengst „Ussuri xx" ebenfalls „Bernardus xx" Blut führt. Seine Nachkommen gelten als sehr leistungsfähig im Springsport.

In jüngster Zeit schiebt sich der Vollblüter „Julius Caesar xx" mit seinen Nachkommen vermehrt in den züchterischen Vordergrund. Auf diese Linie geht der Redefiner Ausnahmehengst „Juventus" zurück, der in kürzester Zeit eine steile Sportkarriere unter Michael Thieme machte. Der 1988 geborene Hengst wurde dreimaliger Landesmeister, er nahm mehrfach an Bundeschampionaten teil und glänzt heute im großen Viereck in der schweren Dressurklasse. In Serie sorgte er für Siege und Platzierungen. Der erste Elitehengst der Mecklenburger Zucht wurde von Fernsehzuschauern zum „Hengst des Jahres 1997 in Mecklenburg-Vorpommern" gewählt.

Im mütterlichen Stamm findet man das Blut des „Julius Caesar" bei den Redefiner Landbeschälern „Graziano", „Paradeur", „Panduros" und „Grabenstern".

Zu Veredelungszwecken stehen den heutigen Züchtern zusätzlich die beiden Vollblutaraber „Ghandy" und „Pamir" zur Verfügung.

„Blut ist der Saft, der Wunder schafft" – der Vollblutaraber „Pamir ox".

Auch das hat Tradition: Reiten im Damensattel.
Der Schimmelhengst „Solar“ führt über „Altan II“ bestes Trakehner Blut.

Der Hengst „Semper“ aus der Trakehner „Semper idem“-Linie brachte zahlreiche typvolle Sportpferde.

„Trakehnen lebt weiter“

Eine große Rolle in der Zucht von Pferden Trakehner Abstammung spielte bekanntermaßen das Gestüt Ganschow. Hier standen den Trakehner Stuten, jedoch auch den Mecklenburgern, unter anderem die Hengste „Alarm“, „Altan“, „Vers“ und „Fabulist“ zur Verfügung. Gerade in der Anpaarung mit bodenständigen Stuten trugen ostpreußische Hengste erheblich dazu bei, den Nachkommen Ausstrahlung und Eleganz zu verleihen. Ein Hengst, der sozusagen von der ersten Stunde an Einfluss auf das Zuchtgeschehen nahm, war „Albatros“. Vornehmlich waren es sein Sohn „Albatsohn“ und der Enkel „Atreus“, die positiv auf die Landeszucht wirkten. Dieses Blut wird heute fortgeführt durch den Redefiner Landbeschäler „Ovid“. Aus Niedersachsen wurde später der Hengst „Almanach“ eingeführt, der sich vornehmlich als sogenannter Mutter-Vater einen Namen macht. Interessanterweise findet man ihn auch in der Mutterlinie des Ausnahmehengstes „Juventus“. Als züchterischer Volltreffer sollte sich „Altan II“ erweisen. Seinem Sohn „Lamarc“ wurde kürzlich der Titel „Elitehengst der Mecklenburger Zucht“ verliehen. In Redefin wirken derzeit seine Söhne „Grenzfall“ und „Solar“. Beide haben nicht nur den gleichen Vater, sondern sie entstammen gleichsam „Trafaret“-Müttern. „Trafaret“ wurde als Fohlen aus dem russischen Gestüt Kirow importiert. Sein bekanntester Sohn dürfte der Hengst „Sonnenstrahl“ sein, der im Landgestüt Moritzburg wirkt. Als Mutter-Vater ist „Sonnenstrahl“ wiederum im Pedigree von „Juventus“ zu finden.

Nicht unwesentlichen Einfluss auf das Zuchtgeschehen übte der Hengst „Labirynt“ aus, der im polnischen Gestüt Liski das Licht der Welt erblickte. Der Hengst verfügte über eine Original-Trakehner-Abstammung und hinterließ vier gekörte Söhne sowie 56 eingetragene Töchter. Sein Blut fließt heute mütterlicherseits in den Adern des Redefiner Landbeschälers „Diskret“.

Analog zum hannoverschen Zuchtgebiet sorgten Nachkommen aus den Trakehner-Linien „Semper idem“, „Abglanz“ und „Lateran“ für

Schon zu Lebzeiten eine Legende – „Adriano“ im Alter von 25 Jahren.

Der Hengst „Adeptus“ (nicht zu verwechseln mit dem gleichnamigen Vollblüter und Linienbegründer) führt über „Alme“ bestes Zangersheider Springblut.

eine Wandlung sowohl im Typ als auch im Exterieur. Besonders gut angenommen wurde der aus der „Semper idem“-Linie stammende Hengst „Senator“, der auf der Körung in Verden angekauft wurde. Leider gelang ihm im männlichen Stamm kein nachhaltiger Linienerhalt. Jedoch geht der Redefiner Landbeschäler „Duros“ auf der Mutterseite über „Senatus“ auf „Senator“ zurück. Ähnlich wie in Hannover konnte sich auch in Mecklenburg das Blut des „Lateran“ nicht dauerhaft durchsetzen. Anders hingegen verlief die Entwicklung beim „Abglanz“-Blut. Im Jahre 1974 wurde der „Abglanz“-Enkel „Adept“ aus dem hannoverschen Zuchtgebiet eingeführt. Dies sollte sich als außerordentlicher Glücksgriff erweisen, denn sein Sohn „Adriano“ avancierte schon zu Ganschower Zeiten zum Stempelhengst. Er lieferte Zuchtspitzen mit hoher Dressurveranlagung. Heute ist „Adriano“ der Senior im Redefiner Landgestüt. Sein Sohn „Admiral“, der sich auf den Hengstparaden so trefflich als Aktionstraber zeigt, steigt züchterisch in die Fußstapfen seines Vaters. Nicht uninteressant dürfte auch der Redefiner Landbeschäler „Apollo“ sein. Er ist der letzte Sohn des legendären „Adept“, der sich heute noch im Zuchteinsatz befindet. Weiterhin wird das „Abglanz“-Blut fortgeführt durch die Hengste „Amboséli“ und „Anrit“.

Blut von außen

Zusätzlich zu den „klassischen“ Hengstlinien stehen den Züchtern heutzutage auch Beschäler aus anderen Reitpferdepopulationen zur Verfügung. Für die Springpferdezucht wird interessantes Hol-

„Continue“ von „Contender“ und einer Mutter von „Tin Rocco“ als Aktionstraber.

Kaltblüter auf der Deckstelle Altkamp.

steiner Blut angeboten. Genannt seien hier die „Ladykiller xx“-Nachfahren „Loredo“, „Lonely Boy“ und „Limborat“. Der Hengst „Adeptus“ geht mütterlicherseits ebenfalls auf „Ladykiller xx“ zurück, auf der Vaterseite sind über „Ahorn Z“ beste Zangersheider Springgene gegeben.

Als Pachthengste wirken „Quel Charmeur“ von „Quattro B“, „Sandro Star“ von „Sandro Song“, „Lord Kemm“ von „Landadel“ und „Continue“ von „Contender“.

Für die Dressurpferdezucht dürfte der Hengst „Wenckstern“ von „Weltmeyer“ und einer Mutter von „Western Star“ interessant sein. In der mütterlichen Linie führt dieser Hengst über „Lindberg“ bestes Leistungsblut des legendären Vollblüters „Der Löwe“.

Rassen: Kaltblut, Haflinger und Reitponys

Traditionell wird im Landgestüt Redefin die Kaltblutzucht gepflegt. Die Hengste, die diesbezüglich eingesetzt werden, gehen in erster Linie auf eine anhaltinische Grundlage zurück. Mit der zunehmenden Technisierung in der Landwirtschaft verlor das Kaltblut allerdings an Bedeutung, so dass der Bestand verringert werden musste. Der hauptsächliche Verwendungszweck von Kaltblutpferden liegt heute in der Forstwirtschaft bei Rücke- und Pflegearbeiten in den Waldbeständen sowie im Tourismus bei Planwagen- und Kremserfahrten. Dementsprechend konzentrieren sich die züchterischen Bemühungen auf die Entfaltung einer hohen Zugkraft bei korrekten, raumgreifenden Bewegungen in den Grundgangarten Schritt und Trab. Derzeit im Deckeinsatz sind die Hengste „Eberhard II“, „Silvio“ und „Engardin“.

Zu DDR-Zeiten wurde der Hengstbestand durch die Hinzunahme von Haflingern ergänzt. Das ursprüngliche Gebirgspferd erfreut sich großer Beliebtheit als Freizeit- oder Kutschpferd. Der

Haflinger gehören seit den siebziger Jahren zum Hengstbestand.

Haflinger ist genügsam und ausdauernd und kann auch in der Forstwirtschaft eingesetzt werden. Da das Pferd, das seinem Namen dem Ort Hafling in Tirol verdankt, für Redefin eher untypisch ist, wird künftig angestrebt, die Anzahl der Deckhengste zu reduzieren. Derzeit befinden sich sechs Hengste dieser Rasse im Zuchteinsatz. Es sind: „Argus“, „Winter“, „Mikado“, „Alfonso II“, „Mustang“ und „Nebraska“.

Im Verband Mecklenburgischer Pferdezüchter e. V. sind rund elf Prozent der Mitglieder Personen, die sich der Deutschen Reitponyzucht verschrieben haben. Relativ neu in Redefin ist der züchterische Einsatz von Hengsten der Kategorie Deutsches Reitpony. Genau wie ihre großen „Kollegen“ mussten sie sich einer Hengstleistungsprüfung unterziehen, bevor sie ihre Vererber-Tätigkeit aufnehmen konnten. Das Deutsche Reitpony ist insofern keine eigenständige Rasse, als es sich bei den Tieren um Kreuzungen verschiedener Ponyrassen, aber auch mit Großpferden, Arabern und Vollblütern handelt. Als erfolgreich hat sich für die deutsche Zucht die Zufuhr arabischen Blutes erwiesen. Das Landgestüt Redefin unterhält derzeit vier Deutsche Reitponyhengste: „Legat“, „Fiorello“, „Colonel“ und „Legro“.

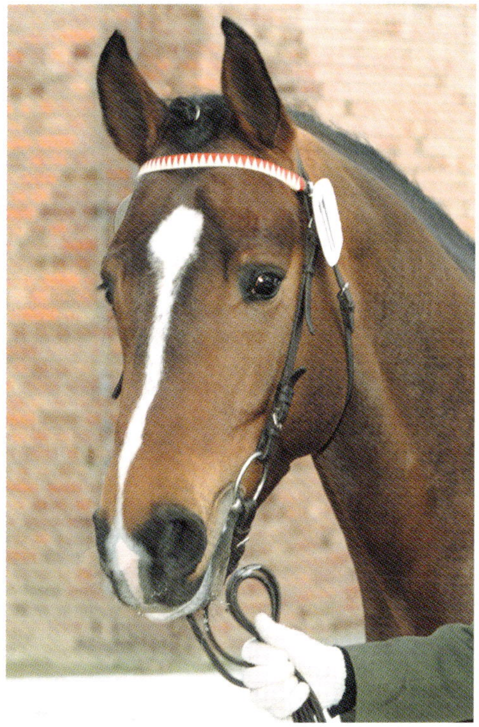

Hengste, die zur Zucht eingesetzt werden, müssen gekört und leistungsgeprüft sein.

Stationen der Hengstkarriere

Hengste, die zur Zucht eingesetzt werden, müssen unterschiedliche Stationen durchlaufen, damit sie die entsprechende Zuchtanerkennung erhalten. Die klassische Hengstlaufbahn gliedert sich in Zulassung zur Körung, Körung und Hengstleistungsprüfung. Erst wenn alle drei Stationen erfolgreich durchlaufen sind, bekommt der jeweilige Hengst die Deckerlaubnis. Am Rande sei bemerkt, dass auch nicht gekörte Hengste zur Zucht zugelassen werden können. Hierbei handelt es sich um - wie Züchter es gern nennen - den „zweiten Bildungsweg“. Dieser wird immer dann beschritten, wenn ein Hengst seine Leistung durch außerordentliche Erfolge im Turniersport bestätigen konnte.

Junghengste, die zur Körung zugelassen werden, müssen sich einer Vorbesichtigung stellen.

Pflastermusterung bei der Hengstkörung.

tralstelle für Pferdezucht vor. Die drei Hengstdepots konnten begründete Anträge auf Zuteilung bestimmter Hengste stellen, jedoch wurde diesen Anträgen nur teilweise entsprochen. Bedingt durch die vorangetriebene Zentralisierung mit Einführung des Einheitsbrandes und Vereinheitlichung der Zuchtziele auf ein marktgängiges (Export)-Warmblutpferd, wurde die gesamte Pferdevermarktung der DDR ab 1978 zentral von Neustadt/Dosse aus gelenkt. Seither wurden Hengste erst dreijährig nach abgelegter Hengstleistungsprüfung gekört.

Nach der Wende fand 1990 die erste Mecklenburger Junghengstanerkennung, wie die Körtage jetzt hießen, statt. Bis 1997 wurde sie an unterschiedlichen Orten durchgeführt, unter anderem in Sommerstorf und in Zierow. Seit 1998 hat die Zuchtveranstaltung ihr festes Domizil im Landgestüt Redefin erhalten. Die Körungen finden alljährlich Ende November statt. Die Vorauswahl der Hengste wird jedoch bereits etwa zweieinhalb Monate zuvor vorgenommen. Im Jahr 2000 wurden unter 100 vorgestellten Junghengsten 40 zur Körung zugelassen. Der Ablauf an den beiden eigentlichen Körtagen sieht zunächst eine Pflastermusterung der Aspiranten vor. Hierbei werden die Kandidaten an der Hand im Stand, Schritt und Trab vorgemustert. Die Körkommission beurteilt die Korrektheit des Körperbaus, die Stellung der Gliedmaßen sowie die Korrektheit der Gänge im Schritt und Trab. Am nächsten Tag erfolgt die zweite Musterung mit Freilaufen und Freispringen in der Halle. Die dritte Besichtigung der Hengste beinhaltet ein nochmaliges Vormustern an der Hand mit Bewertung der Schritt- und Trabbewegungen. Anschließend wird das Urteil der Körkommission verkündet. Von den im Jahr 2000 angetretenen 40 Junghengsten erhielten sechs das Prädikat „gekört“. Im Anschluss der

Veranstaltung wird eine Vermarktung, der zum Verkauf stehenden Hengste in Form einer „stillen Auktion“ vorgenommen. Dies ist keine öffentliche Auktion, wie man sie von Reitpferdeversteigerungen kennt, sondern die jeweiligen Kaufinteressenten für einen bestimmten Hengst handeln den Preis aus, wobei ein Mindestpreis in Absprache mit dem Verkäufer vorgegeben wird.

Im Rahmen der „Mecklenburger Junghengstanerkennung“ findet auch die Körung der Pony-, Kleinpferde- und Spezialrassen statt.

Hengstleistungsprüfung

Bereits um die Jahrhundertwende begann man, sich über eine Leistungsprüfung für Hengste Gedanken zu machen, so dass zwischen 1903 und 1913 die vierjährigen Redefiner Landbeschäler in einem sogenannten Hengstprüfungsrennen ihre Qualität unter Beweis stellen mussten. Austragungsort der Qualifikation war die Rennbahn in Ludwigslust. Die Distanz ging zunächst über 1.000 Meter, schließlich wurde sie auf 800 Meter verringert. Das Training der Hengste erfolgte im Redefiner Landgestüt. Im eigentlichen Rennen wurden die Beschäler von Offizieren geritten. Nach dem Ersten Weltkrieg und dem Niedergang der Pferdezucht in den zwanziger Jahren setzte eine massive Förderung staatlicherseits in den dreißiger Jahren ein. So wurde der Gedanke an eine Hengstleistungsprüfung wieder aufgenommen und schließlich 1936 in die Tat umgesetzt. Seither mussten sich die dreijährigen Redefiner Landbeschäler einer Prüfung unter dem Reiter und vor dem Wagen unterziehen. Die Prüfung gliederte sich in vier Teile und sah folgende Anforderungen vor:

„Unter dem Reiter:

1. Teilprüfung: 300 Meter im Schritt in drei Minuten, 1.000 Meter im Trab in vier Minuten, 1.500 Meter im Galopp in 3,5 Minuten.
2. Teilprüfung: Geländeritt über vier Kilometer mit wenigstens zehn Hindernissen, 0,80 bis einen Meter hoch, bzw. 2,50 bis drei Meter breit, mit einzelnen Starten in Abständen von 100 Metern.

Im Wagen:

3. Teilprüfung: Dreimaliges Anziehen mit einer Bruttolast, die das Dreifache des Gewichtes des Hengstes beträgt, dabei jedesmaliges Fortbewegen der Last über eine Strecke von acht Metern mit dazwischen liegenden Pausen von je zwei Minuten.
4. Teilprüfung: Dauerzugleistungsprüfung: a) Lastfahrt in 9,5 Minuten je Kilometer. Mit einer Bruttolast, welche das dreifache Gewicht des Hengstes beträgt, ist eine Strecke von zwölf Kilometer auf im allgemeinen ebener chaussierter oder gepflasterter Straße im Schritt zurückzulegen. Hiernach Pause von 30 Minuten. Dann b) Leerfahrt über zwölf Kilometer in 70 Minuten, wobei von den zwölf Kilometern mindestens sechs Kilometer zu traben sind. – Temperament, Futterverwertung und Konstitution während des Trainings werden besonders beachtet und bewertet. Die Prüfungen werden im Herbst nach Beendigung des ersten Deckjahres abgehalten.“

Der damalige Landespferdezuchtleiter Dr. Viergutz erinnerte sich an die erste Prüfung: „Als Erster wurde der Geburtsjahrgang 1933 geprüft. Sämtliche 14 Hengste bestanden nach einem kurzen Training von nur zwei Monaten die Prüfungen an zwei aufeinanderfolgenden Tagen (27. und 28. November) in großer Form, wobei in der dritten und vierten Teilprüfung plötzlich einsetzender Schneefall und Glätte noch erschwerend wirkten.“

Nach dem vorgenannten Muster lief die Hengstleistungsprüfung bis zum Kriegsende ab. In den Nachkriegsjahren fand ein starker Aufschwung der Pferdezucht statt, der seinen Höhepunkt 1950 mit fast 20.000 gedeckten Stuten in Mecklenburg-Vorpommern erreichte. Pferdezuchtleiter Jürgen Hellerung: „Trotzdem wurden, angeblich aus wirtschaftlichen Gründen, alle Landgestüte der DDR Ende 1951 aufgelöst und Menschen und Hengste auf die ‚Volksgüter‘ verteilt. Die Redefiner Ställe standen bis auf einen, mit einem Restbestand von 19 Hengsten, leer und boten eine willkommene Unterbringung für eine Rindermastanstalt. (Anmerkung: Für Redefin bestand ein Plan, dort eine Rindermast einzurichten.) Ein kleines Häuflein getreuer Pferdenarren, darunter die damalige Leiterin Redefins, Herta Steiner und ich, überlegten wie Redefin zu retten sei. Fortschrittliche europäische Zuchten verfügten über Prüfungsanstalten für dreijährige Hengste, um die Leistungsveranlagung zu testen und danach über den Zuchteinsatz zu entscheiden. Diesen Zuchtfortschritt untermauerte ich in unserer Eingabe an die höchste Partei- und Wirtschaftsinstitution und hatte Erfolg. 1952 wurde die erste Hengstprüfungsanstalt der DDR in Redefin nach einer von uns erarbeiteten Prüfungsordnung eingerichtet. Redefin war gerettet.“

Die Junghengste mussten sich ab diesem Zeitpunkt einer elfmonatigen Ausbildungszeit im Landgestüt unterziehen, an deren Ende eine Prüfung sowohl unter dem Reiter als auch im Zug stand. Die Anforderungen lehnten sich an das Modell von 1936 an. Unter dem Reiter wurden die drei Grundgangarten sowie die Springanlage im Gelände getestet. Vor der Schleppe wurde eine Zugleistungsprüfung vorgenommen. Außerdem fanden Distanzfahrten als Last- und Leerfahrt statt. Schließlich kam es 1977 zur Gründung der Zentralen Hengstprüfungsanstalt in Neustadt/Dosse. Die Hengstleistungsprüfung für Reitpferde erfolgte für alle Zuchtgebiete einheitlich über eine Gesamtzeit von elf Monaten. Die Reitpferdehengste wurden nunmehr geprüft auf Interieur, Reiteignung, Springanlage und Geländeeig-

Hengstleistungsprüfung in den fünfziger Jahren. Ein Junghengst vor der Schleppe.

Der erste Hauptsattelmeister Roland Mähling ist unter anderem zuständig für die Leistungsprüfungen.

Junghengste im Training.

nung. Bis 1990 wurden die Hengste zusätzlich vor der Schleppe und vor dem Wagen geprüft.

Nach der Wende wurden die Leistungsprüfungen für Hengste 1991 in Redefin wieder aufgenommen. Den veränderten wirtschaftlichen Verhältnissen, aber auch den neuen Erkenntnissen im Prüfungswesen Rechnung tragend, werden die dreijährigen Junghengste, die im Landgestüt Redefin aufgezogen werden, heute einem 100 Tage dauernden Test mit anschließender Leistungsprüfung unterzogen. Die heutigen Prüfungsanforderungen sehen vor:

1. Rittigkeitsbeurteilung,
2. Freispringen,
3. Parcours-Springen,
4. Prüfung der Grundgangarten.
5. Geländeprüfung über 2.500 Meter mit acht festen Hindernissen.

Aus den Ergebnissen der Trainingsbeurteilung und der abschließenden Leistungsprüfung werden die Prüfungsindizes errechnet.

Neben den Landbeschälern können in Redefin auch Privathengste einer Leistungsprüfung unterzogen werden. Zum einen wird die Veranlagungsprüfung in Form des 30-Tage-Tests angeboten, zum anderen die Hengstleistungsprüfung, Zuchtrichtung Reiten, als sogenannter 70-Tage-Test.

Redefiner Hengste auf dem Weg zum Turnier.

„Syphir" als Aktionstraber.

„D'Olympic", ein hochveranlagtes Dressurpferd.

Redefiner Hengste im Sporteinsatz

Schon in den Jahren nach dem Zweiten Weltkrieg wurden einzelne Redefiner Hengste auf Turnieren vorgestellt. Während der Zeit einer vereinheitlichten DDR-Pferdezucht war der Einsatz von Deckhengsten nicht nur unerwünscht, sondern oft praktisch auch nicht durchführbar. Trotzdem wurden im damaligen Hengstdepot erste Versuche unternommen und zum Beispiel die Hengste „Desor" und „Dularus" ausgebildet und auf Turnieren vorgestellt. Die politische Wende brachte auch für den Turniersport entscheidende Veränderungen mit sich. Die neuen Anforderungen an die Hengsthalter und an die gesamte Pferdezucht führten dazu, dass das Landgestüt neue Strukturen und Aufgaben erhielt. Nunmehr wurde mit einer systematischen Ausbildung von Reitern und Hengsten für den Turniersport begonnen. Die Wiedereinrichtung der Reit- und Fahrschule war dafür eine wichtige Grundlage. So konnte ab 1990 der braune Hengst „Diskret" von Michael Thieme bis zur schweren Klasse ausgebildet werden. Er wurde zweimal mit dem Hengst Landesmeister von Mecklenburg-Vorpommern. Parallel dazu nahm Michael Thieme die Ausbildung von „Juventus" vor. Inzwischen kann das Paar auf 151 Siege und Platzierungen verweisen. Mit den Hengsten „Syphir", „Weltfriede" und „D'Olympic" stehen drei weitere hoch veranlagte Dressurhengste zur Verfügung.

Für den Springbereich wurden 1990 die beiden Fuchshengste „Luchs" von „Lear/Dulder" und „Gonzo" von „Gardo/Leuchtfeuer" ausgewählt. „Luchs" war 1992 der erste Hengst aus den ostdeutschen Zuchtgebieten, der am Bundeschampionat teilnahm. Mit seinem Reiter Rolf Günther avancierte er unter anderem zum Landesmeister und war auch international erfolgreich. „Gonzo" hingegen wechselte nach Erfolgen im Springpferdebereich bis zur Klasse L in das Dressurlager.

Ein Sporthengst der Extraklasse: „Gonzo" von „Gardo" aus einer Mutter von „Leuchtfeuer". Erfolgreich im Springen und in der Dressur.

Von Elmar Wißling ausgebildet, war er Landesmeister der Jungen Reiter, und erfolgreich bis zur schweren Klasse.

Der „Grandelstein"-Sohn „Graziano" wurde siebenjährig in den Springstall übernommen. Er ist inzwischen Sieger vieler Großer Preise. Auch der „Grabensprung"-Sohn „Grabensee" wird im Springstall weiter gefördert. Mit Erfolg vertrat der „Hengst des Jahres 1996" die Mecklenburger Zucht auf vielen nationalen wie auch auf internationalen Turnieren. Eine große Leistungsbereitschaft und ein enormes Springvermögen zeigte der Hengst „Wellenreiter". Auf zahlreichen Turnieren wurde er bis zur schweren Klasse eingesetzt. Nach seinem Sieg beim Mächtigkeitsspringen über eine Höhe von 2,10 Meter wurde der Hengst 1997 vom Leistungssport verabschiedet. Insgesamt wurden nach der Wende 25 Landbeschäler im Turniersport vorgestellt.

Hengstparade in Redefin

Bereits zu Beginn des Jahrhunderts fanden einzelne Hengstpräsentationen für Züchter und Gäste statt, zum Beispiel anlässlich des 100-jährigen Jubiläums des Landgestüts. Das „Hagenower Kreisblatt" berichtete in seiner Ausgabe vom 19.10.1912: „Zu dieser Vorführung sind Einladungen an alle landwirtschaftlichen Vereine in Mecklenburg von der Landgestütsdirektion ergangen." Mit einer regelmäßigen Veranstaltung großer Hengstparaden, wie sie bereits in Celle stattfanden, wurde schließlich 1935 begonnen. Schon in den dreißiger Jahren entwickelten sich die Ereignisse zu Publikumsmagneten mit Volksfestcharakter. Der Zweite Weltkrieg setzte eine Zäsur. 1949 wagte man, die Veranstaltung in verkleinerter Form wieder aufleben zu lassen. 2.900 Besucher nutzten die Gelegenheit, um auf dem alten Paradeplatz zwischen den Hengstställen die Landbeschäler in zwölf Programmpunkten zu sehen. Zwischen 1951 und 1954 wurde die Parade an einem Tag im Oktober durchgeführt. Im Jahre 1952 musste die Hengstvorführung entfallen, weil es 1951 zur Auflösung aller Landgestüte auf dem Gebiet der damaligen DDR kam, was die Verteilung der Hengste und des Personals auf landwirtschaftliche Betriebe in ganz Mecklenburg-Vorpommern mit sich brachte. Bereits 1951 konnten schon wieder 7.300 Besucher gezählt werden. In den Jahren danach stieg diese Zahl kontinuierlich an, so dass ab 1956 jährlich zwei Paraden durchgeführt wurden. Seit 1969 konnten sogar drei Veranstaltungen jährlich stattfinden. Inzwischen war auch der neue große Paradeplatz entstanden, der Besuchern wie Akteuren mehr Platz bot. Doch kam es immer wieder zu Unterbrechungen im Veranstaltungsreigen. Eine davon fand 1961 statt. Die offizielle Begründung lautete, dass alle Mitarbeiter des Landgestüts zu Ernte-

Die Hengstparade wird mit Pauken und Trompeten eröffnet.

Der Sprung über den Kaltbluthengst, eine Gehorsamkeitsübung der Sonderklasse.

Der Paradeplatz vom Sprecherturm aus gesehen.

Leinenführung nach Achenbach.

Der Sechzehner-Zug auf dem Weg zum Paradeplatz.

arbeiten hinzugezogen werden mussten. Ursächlich für den Ausfall dürfte jedoch die politische Situation im Jahr des Mauerbaus gewesen sein. 1966 und 1971 waren alle Paraden vom Veterinäramt wegen Seuchengefahr (Maul- und Klauenseuche und Influenza) abgesagt worden – eine Situation, die auch im Frühjahr 2001 den Pferdesport in ganz Deutschland nahezu zum Erliegen brachte. 1989, kurz vor der Maueröffnung, fanden zwei der geplanten drei Vorstellungen mit großem Erfolg statt. Die dritte musste abgesagt werden. Die Begründung lautete: „Influenza-Gefahr". Schließlich erfolgte die Wende. Nach der Währungsumstellung musste eine Anhebung der Eintrittspreise von 8,05 DDR-Mark auf 25 Mark vorgenommen werden. Folge: Die Besucher blieben zur Hengstparade weg. Möglicherweise lag dies jedoch nicht nur am Geld, sondern auch daran,

Der große Mehrspänner - immer wieder eindrucksvoll.

Unter der Leitung von Norbert Balow stimmt das Heeresmusikkorps 14 „Neubrandenburg“ die „Post im Walde“ an, wenn die historische Postkutsche hereingefahren kommt.

In Mecklenburg haben Postkutschen Tradition. Auf vielen Routen waren sie früher unterwegs.

Alles lauscht, wenn der Trompeter „Die Post im Walde“ anstimmt.

Obersattelmeister Ernst Laubenstein in historischer Uniform der „Lützower Jäger“.

Die „Lützower Jäger“.

dass plötzlich so viele - bisher unerreichbare - Reiseziele in greifbare Nähe gerückt waren. Im Jahr 1991 änderte sich die Situation schlagartig. Die Menschen aus den alten Bundesländern hatten Redefin entdeckt und auch die Stammgäste von früher kamen wieder ins Landgestüt. Da bereits im Vorfeld der Veranstaltung die Anfragen von Besuchern derartig groß waren, wurde kurzfristig eine vierte Vorstellung anberaumt. Mit insgesamt 32.000 Zuschauern an vier Hengstparade-Tagen schlug die 1991er Vorstellung alle Rekorde. Zwischen 1949 und 2000 kamen insgesamt knapp 900.000 Besucher zur Hengstparade. Das Programm, das jedes Jahr aufs neue lockt, ließe sich am besten mit dem Kernsatz aus dem Bühnenstück „Dinner for one“ beschreiben: „The same procedure as every year.“ Und doch ist es immer wieder neu und immer wieder ein bisschen anders. Nicht nur der interessierte Züchter bekommt wertvolle Informationen über die Hengste und ihren Leistungsstand, auch pferdebe-

Zum Gedenken an Theodor Körner – die große Dressurquadrille.

geisterte Laien kommen in Redefin voll auf ihre Kosten.

Traditionell wird jede Parade mit dem Redefiner Fanfarenzug und dem Kesselpauker eröffnet, dann weht ein Hauch von Puszta über den Platz, wenn ungarische Postreiter stehend auf zwei Hengsten durch die Arena galoppieren. Für Freunde des Fahrsports wird eine Quadrille mit Sechserzügen geboten, konträr dazu steht das spannende Hindernisfahren. In historischen Kostümen wird eine Paar-Quadrille geritten, dann messen Aktionstraber den Platz ab. Aus der zweifachen Fahrschule präsentiert sich die Tandem-Quadrille und Sporthengste stellen ihr Können in einem Springparcours unter Beweis. Vor den großen Mehrspänner sind nicht weniger als 16 Hengste gespannt, die Springquadrille wiederum sorgt für Rasanz und Schnelligkeit. Schließlich dürfen Haflingerhengste frei auf dem Platz herumtoben, bevor Dressurhengste auf dem großen Viereck schwere Lektionen von der Piaffe bis zur Passage darbieten. Der Pferdezuchtverband stellt in einem bunten Schaubild die Rassen-Vielfalt seiner Züchter dar. Und alles lauscht ergriffen, wenn zu den Trompetenklängen der „Post im Walde" die historische Postkutsche hereingefahren kommt. Einen Einblick in die Zeit der Freiheits-Kriege im 19. Jahrhundert gewährt die große Dressurquadrille und den donnernden Abschluss bilden immer römische Kampfwagen, die von jeweils vier Hengsten gezogen werden.

Das Finale der Hengstparade: römische Kampfwagen.

Viola Francke-von Zitzewitz: die Initiatorin des Förderkreises Landgestüt Redefin e. V.

Der Förderkreis setzte sich für die Sanierung des Reithallenportals ein. Dankesworte des Landstallmeisters bei der Einweihung.

Kunst und Kultur in Redefin

Ein Förderkreis wird gegründet

Auf Initiative von Viola Francke-von Zitzewitz trafen sich am 7. April 1995 rund 60 Personen im Landstallmeisterhaus, um über die Gründung eines Förderkreises Landgestüt Redefin zu beraten. Unter ihnen befand sich Christian-Ludwig Herzog zu Mecklenburg. Als Nachfahren ehemaliger Landstallmeister waren anwesend Detlev-Werner von Bülow, Hasso Freiherr von Stenglin und Helga Köhler, Schwiegertochter des Landstallmeisters Hans Köhler. Auch der Pferdezuchtleiter im Ruhestand Jürgen Hellerung, Jürgen Harnack, damals Präsident des Landeszuchtverbandes, Dr. Klaus Lemcke, Präsident des Landessportverbandes sowie der ehemalige Justitiar der Deutschen Reiterlichen Vereinigung, Dr. Hans-Dietrich Wagner, wohnten der konstituierenden Sitzung bei. Als politische Vertreter des Landes Mecklenburg-Vorpommern konnten die Finanzministerin und der Landwirtschaftsminister begrüßt werden, um nur einige der anwesenden Personen zu nennen. Viola Francke-von Zitzewitz erinnert sich: „Bei Gesprächen, die diesem Gründungsabend vorangingen, hörte ich immer wieder den Satz: ‚Landgestüt Redefin, das ist doch vom Land übernommen worden, das braucht doch keine Förderung.' Aber erst durch die zusätzliche Unterstützung von Züchtern, Sportlern und Freunden dieses architektonischen Juwels kann Redefin wieder in vollem Glanz erstrahlen. Angesichts der immensen Aufgaben in unserem Land hielt ich es für falsch, nur auf den Staat zu warten. Der Förderkreis wollte und will helfen, Redefin zu unterstützen und Gelder zu beschaffen."

Rund sechs Wochen nach dem ersten Treffen konnte die erste Mitgliederversammlung stattfinden. Die Satzung des Förderkreises wurde angenommen und ein Vorstand gewählt.

Bei seiner Arbeit beherzigt der Förderkreis Landgestüt Redefin e. V. diese Grundsätze:

- Der Verein fördert die Pferdezucht, den Reit- und Fahrsport und die Denkmalpflege durch Beschaffung und Weiterleitung von Mitteln an das Landgestüt Redefin.

- Darüber hinaus verfolgt der Verein gemeinnützige Zwecke, und zwar:
- Landschaftsschutz und Pflege im Landgestüt und angrenzenden Gebieten.
- Förderung der Tierzucht und Durchführung unter anderem von Leistungsprüfungen.
- Förderung des Jugendaustausches mit anderen Institutionen in Europa.

Im Dezember 1995 attestierte das zuständige Finanzamt dem Förderkreis die Gemeinnützigkeit, im Januar 1996 wurde er ins Vereinsregister eingetragen. Da die Initiativen des Förderkreises durch eine umfangreiche Öffentlichkeitsarbeit begleitet wurden, blieb ein Echo nicht aus und inzwischen kann sich der junge Verein, nach Auskunft seiner Vorsitzenden Viola Francke-von Zitzewitz, über rund 600 Mitglieder freuen.

Die bisher größte Maßnahme, die durch den Förderkreis umgesetzt werden konnte, war der finanzielle Beitrag zur Restaurierung des Reithallenportals. Weitere Aktivitäten liegen in der Neu-Gestaltung des Landgestüt-Parks, der ursprünglich 1820 als englischer Landschaftsgarten angelegt worden war. Außerdem findet eine Förderung der Mecklenburger Pferdezucht und des Reiternachwuchses statt. Durch Unterstützung des Förderkreises konnten die Erstplatzierten im Finale des Turnierpreises „Dressur-Chance" an einem Training im Bundesleistungszentrum Warendorf teilnehmen.

Pferde, Picknick und Musik

Im zehnten Jahr ihres Bestehens konnten die Festspiele Mecklenburg-Vorpommern einen neuen Festspielort in ihrem Veranstaltungsreigen aufnehmen: das Landgestüt Redefin. Die Premiere als Konzertsaal fand für die neue Redefiner Reithalle am 4. Juli 1999 statt. Unter der Leitung von Justus Frantz gastierte die Philharmonie der Nationen

Picknick im Landgestüt. Bei der Premiere kamen 2.500 Besucher.

Die Ungarische Post erfreut Besucher des „Prom-Konzertes".
Das Gespann bilden die Hengste „Wellenreiter" und „Lonely Boy".

Justus Frantz gastierte mit der Philharmonie der Nationen
in der Reithalle von Redefin.

unter dem Motto „Picknick, Pferde, Promkonzert". 2.500 Besucher nutzten den Tag, um bei strahlendem Sonnenschein die Gestütsanlage zu besichtigen und im weitläufigen Gelände zu picknicken. Doch auch die Pferde durften nicht fehlen. Als Einstimmung auf den Abend gab es am Nachmittag eine kleine Vorführung der Hengste. Ein Pas-de-Deux, eine Quadrille, dann verschiedene Kutschen. Reiter und Fahrer passend kostümiert, eine Augenweide. Die Reithalle - oder sollte man besser sagen die Konzerthalle - war bis auf den letzten Platz ausverkauft. Alle waren begeistert und so wurde schnell der Entschluss gefasst, dass diese Veranstaltung keine Eintagsfliege bleiben sollte. Im nächsten Jahr lautete das Motto: „Ländliche Pfingstgala mit Picknick, Pferden und Sopran". Neben dem Picknick hatten die Gäste diesmal Gelegenheit, an kleinen Kutschfahrten teilzunehmen. Auch gab es wieder eine stimmungsvolle Hengstvorführung in historischen Kostümen vor der geschichtsträchtigen Kulisse des Reithallenportals. Für das abendliche Konzert konnten Kent Nagano und das deutsche Symphonie-Orchester Berlin verpflichtet werden sowie die Ausnahme-Sopranistin Barbara Hendricks aus den USA. Kent Nagano fühlte sich in Redefin so wohl, dass er im Jahr darauf wiederkam. Im dritten Jahr stand die Veranstaltung unter dem Slogan: Picknick, Pferde und Sinfoniekonzert. Nagano dirigierte die Sinfonie Nummer 8 c in Moll von Anton Bruckner.

Rotraut Griem in ihrem Atelier in Westergellersen bei Lüneburg.

Renate Blank mit dem von ihr entworfenen Hengstparadeplakat.

Zwei Frauen machen Kunst

Rotraut Griem

Die Künstlerin Rotraut Griem fand 1992 eher zufällig den Weg nach Redefin. Doch es muss Liebe auf den ersten Blick gewesen sein, denn noch im gleichen Jahr entstanden erste Bilder von Redefiner Hengsten und den historischen Gebäuden. Inzwischen sind über 60 Kunstwerke mit Redefiner Motiven entstanden. In einmaliger Weise gelingt es der Künstlerin aus Westergellersen bei Lüneburg, dem Betrachter den Zauber des Geschöpfes Pferd in seiner ganzen Schönheit und Klarheit nahe zu bringen. Ihre Werke vermögen detailgenau das Wesen und die Persönlichkeit eines jeden Hengstes zu erfassen. Die gebürtige Magdeburgerin ist in ihrer künstlerischen Technik ausgesprochen vielseitig. In ihrem Atelier entstehen Aquarelle, Zeichnungen, Acrylmalerei, Wischtechnik und Ikonen. Bereits im vierten Jahr ist ihr Kalender „Motive aus dem Landgestüt – gezeichnet von Rotraut Griem" erschienen – eine künstlerische Produktion, die sich vom Start weg als Bestseller erweisen sollte. Der Erlös aus dem Verkauf der Kalender fließt dem Landgestüt zu. Rotraut Griem möchte durch diese Geste ihre Verbundenheit mit Redefin zum Ausdruck bringen.

Renate Blank

Es war 1999, als die Künstlerin Renate Blank Redefin besuchte. Die Hengste, die Gestütsanlage, die Landschaft hatten es ihr angetan. Renate Blank wollte alles festhalten, in Öl, Kreide, Pastell oder als Aquarell. Erste Skizzen entstanden am Rande der Körung. Die Malerin kennt jeden Muskel des Pferdes, jede Bewegung. Sie selbst ist passionierte Reiterin. Noch im gleichen Jahr kehrte Renate Blank ihrem bisherigen Wohnort Wien den Rücken. Seither lebt und arbeitet sie in Redefin. Ihr Werdegang: Studium in Hamburg, Diplomarbeit mit Pastellen und Ölbildern von der Ausbildung der Lipizzaner an der Spanischen Hofreitschule in Wien, es folgten Studienreisen zu Fredy Knie in die Schweiz und nach Karlsruhe, zum Reitinstitut von Neindorff, nach Marbach, zum Haupt- und Landgestüt, in die Camargue, nach Andalusien, nach Ungarn und überall dorthin, wo es Pferde gibt. Zwei Jahre verbrachte sie in Newmarket, der englischen Hochburg für Vollblutsport. Renate Blanks Sujet ist das Pferd und ihre Werke sind längst kein Geheimtipp mehr, sondern ein Tipp. Das Plakat, das sie für die Redefiner Hengstparade 2000 schuf, ist der beste Beweis.

Landstallmeister in Redefin

1812–1840	Oberstallmeister von Bülow
1840–1842	Oberstallmeister von Brandenstein
1842–1849	Landstallmeister Kreichelt
1849–1875	Oberstallmeister von Bülow
1875–1892	Oberlandstallmeister Kammerherr von Wickede
1892–1920	Oberlandstallmeister Freiherr von Stenglin
1920–1933	Oberlandstallmeister Exzellenz von Wenckstern
1933–1945	Landstallmeister Hans Köhler
1945–1946	Landstallmeister Kurt Krebs
1946–1949	Landstallmeister Werner Hartwig
1949–1951	Landstallmeister Walter Mund
1951–1952	Betriebsleiter Günter Freihoff
1952–1956	Betriebsleiterin Dr. Herta Steiner
1956–1958	kommissarischer Betriebsleiter Hans Schmidt
1958–1981	Direktor Hans Henschler
1981–1983	Direktor Jürgen Harnack
1983–1990	Direktor Dr. Fritz Wrankmore
1990–1993	Gestütsleiter Dr. Ingo Nörenberg
ab 1993	Landstallmeister Hartmut Platzek

Literaturverzeichnis

Wolfgang von Unger, Die Ahnen des Hannoveraners,
Verlag M. & H. Schaper, Hannover 1928

Graf Carl Gustav Wrangel, Das Buch vom Pferde, Band 2,
Verlag von Schickhardt & Ebner, Stuttgart 1928

Das Mecklenburgische Landgestüt Redefin und die Landespferdezucht 1812 bis 1937,
herausgegeben vom Mecklenburgischen Staatsministerium, Schwerin 1937

Arnold Schlie, Der Hannoveraner: Geschichte und Zucht des edlen hannoverschen Warmblutpferdes,
BLV Verlagsgesellschaft mbH, München 1967

Prof. Dr. Hans Löwe, Pferdezucht,
Ulmer Verlag, Stuttgart 1979

Hengstverzeichnis des Landgestüts Celle und der ehemaligen Landgestüte Osnabrück und Harzburg sowie der vom Hannoverschen Stutbuch anerkannten Privatbeschäler,
Hannover 1981

Werner Schockemöhle, Die großen Hengste Hannovers,
L. B. Ahnert Verlag, Friedberg 1982

Hans Joachim Köhler, Morjen, Herr Landstallmeister,
Limpert Verlag, Bad Homburg 1985

Dr. Christian Freiherr von Stenglin und Dr. Walter Hartwig, 100 Jahre Hannoversches Stutbuch,
Verden 1988

Dr. Ingo Nörenberg, 180 Jahre Landgestüt Redefin – ein Ort mecklenburgischer Pferdezucht,
Deutscher Landwirtschaftsverlag Berlin 1991

Hans Joachim Köhler und Claus Schridde, Die Dynastie der Hengste Hannovers,
Beate Danker-Verlag, Friedberg 1992

Klaus Christian Richter, Die feldgrauen Reiter,
Weltbild Verlag, Augsburg 1994

Christian Freiherr von Stenglin, Deutsche Pferdezucht,
FN-Verlag, Warendorf 1994

Jasper Nissen, Enzyklopädie der Pferderassen, Band 1,
Franckh-Kosmos Verlags-GmbH & Co., Stuttgart 1997

Prof. Dr. Ottfried Weiher, Die Warmblutzucht in Mecklenburg-Vorpommern,
Edition Temmen 1998

Jürgen Hellerung, Erinnerungen an Pferde und Menschen,
Stock & Stein Verlags-GmbH 2000

Bildnachweis:

Seite 16, 18, 21, 22, 23, 25 unten, 26, 27, 28, 50, 51, 52 oben, 53, 58 rechts, 63 rechts, 66 oben links: Landgestüt Redefin

Seite 13 oben, 70 oben, 73 unten rechts: Ch. Müller

Seite 45 rechts: Ilona Kreslow

Seite 2: Staatliches Museum Schwerin/Kupferstichkabinett/ Foto:Elke Walford